Dan Sullivan und Dr. Benjamin Hardy

**Das GAP-and-GAIN-Konzept**

REDLINE | VERLAG

DAN SULLIVAN
mit BENJAMIN HARDY

# DAS GAP AND GAIN KONZEPT

## Der Weg zu mehr Glück, Zufriedenheit und Erfolg für Anspruchsvolle

Von den Autoren von *Frag nicht wie – frag wer!*

**Bibliografische Information der Deutschen Nationalbibliothek:**
Die Deutsche Nationalbibliothek verzeichnet diese Publikation in der Deutschen Nationalbibliografie; detaillierte bibliografische Daten sind im Internet über https://dnb.de abrufbar.

**Für Fragen und Anregungen:**
info@m-vg.de

2. Auflage 2026



Übersetzung: Philipp Seedorf
Redaktion: Christiane Otto
Umschlaggestaltung: Pamela Machleidt
Satz: ZeroSoft, Timisoara
Druck: GGP Media GmbH
Printed in Germany

ISBN Print 978-3-86881-896-3
ISBN E-Book (PDF) 978-3-96267-439-7
ISBN E-Book (EPUB, Mobi) 978-3-96267-440-3

*Weitere Informationen zum Verlag finden Sie unter*

www.redline-verlag.de

Beachten Sie auch unsere weiteren Verlage unter www.m-vg.de

# Widmung von Dan Sullivan

Die Leistungen von mehr als 20.000 ehrgeizigen, talentierten und erfolgreichen Unternehmern, die seit 1995 das Konzept »GAP und GAIN« genutzt haben, ermöglichten es uns, dieses Buch zu schreiben.

Diese bewundernswerten Männer und Frauen lieferten uns den ***überwältigenden Beweis, dass man schnell und leicht lernen kann, seinen Erfolg am Vergangenen zu messen und dies zu einer positiven und dauerhaften menschlichen Fertigkeit wird.***

GAP und GAIN erweisen sich als einzigartig nützlich für visionäre Leistungsträger in jedem unternehmerischen Bereich.

Das gilt besonders für Menschen, die innovativ sind und Höchstleistungen bringen und – bevor sie vom Konzept GAP und GAIN erfuhren – selten wirklich glücklich waren (und das auch nie sehr lange) über ihre bemerkenswerten Resultate.

In dem Maß, in dem immer mehr Unternehmer dieses Konzept beherrschen, verändert sich ihr Leben dramatisch und sie werden zu glücklicheren Menschen. Indem sie einfach jeden Tag in der Rückschau bewerten und nicht an unzähligen Idealen messen, verbessern sie täglich ihr Selbstvertrauen und ihre Organisationsfähigkeit.

Ihr Leben und das der Menschen, für die und mit denen sie arbeiten und leben, verbessert sich in jedem Bereich, in dem es auf Engagement und Purpose ankommt.

**Mein Co-Autor Dr. Ben Hardy erklärte mir, dass aus der Perspektive der psychologischen Forschung unsere Erkenntnisse in diesem Buch vermutlich die umfangreichsten und umfassendsten sind, die anhaltend und exklusiv anhand der Leistungen außergewöhnlicher *Individuen* zusammengetragen wurden.**

Mit anderen Worten, diese Tausende von Entrepreneuren sind keine normalen Menschen, und sie leben kein normales Leben. Sie wurden als jemand geboren, der sich sein Leben lang Ziele setzt und mehr leistet als andere Menschen. Niemand musste ihnen beibringen, wie man Erfolg hat. Alle von ihnen finden ihre Motivation in sich selbst, sind selbstbestimmt und bewerten ihre Leistungen selbst.

**Das einzige grundlegende Problem, das ihnen gemeinsam ist, lässt sich leicht in Worte fassen: Im Laufe ihrer erfolgreichen Reise haben sie seit der**

**Kindheit Größeres und Besseres geleistet und dabei vergessen, die Kurse zu besuchen, in denen es ums Glücklichsein ging.**

Das gilt auch für mich. Der größte Glücksfall meines Lebens war, dass ich meine lebenslange Geschäftspartnerin getroffen und geheiratet habe, Babs Smith. Seit 1982 haben ihre Weisheit und das Teamwork mit ihr mich auf einen bemerkenswert produktiven Erfolgspfad geführt, der uns beiden und Tausenden anderen Menschen Freude bereitet hat.

## Widmung von Benjamin Hardy

Für Lauren, die der wichtigste GAIN in meinem Leben war. Danke für deine Liebe und Unterstützung. Danke, dass du mir geholfen hast, ein besserer Mensch zu werden. Danke, dass du meine GAINS zu schätzen weißt, während du mir hilfst, einen Blick dafür zu bekommen, wie viel mehr wir noch erreichen können.

Für Kaleb, Jordan und Logan und eure unglaublichen GAINS in den letzten Jahren. Es ist inspirierend, zu sehen, wie viel ihr jeden Tag lernt und wachst. Ihr helft mir außerdem, jeden Tag selbst ein wenig besser zu werden. Wir wachsen alle gemeinsam. Danke, dass ihr mit mir im GAIN bleibt, wenn ich Fehler mache.

Für meine Eltern, Philip Hardy und Susan Knight und die GAINS, die ihr beide in eurem Leben gemacht habt, und die GAINS, bei denen ihr mir in meinem Leben geholfen habt. Danke, dass ihr mich liebt und so viel Zeit in mich investiert. Danke, dass ihr mich und mein Leben immer im GAIN seht.

Für Tucker Max für all die GAINS, bei denen du mir persönlich und beruflich geholfen hast. Danke, dass du meine Bücher lektorierst. Aber auch dafür, dass du dafür sorgst, dass ich als Autor und als Mensch mein Denken geschärft habe. Außerdem danke für all die tiefgründigen Unterhaltungen, die wir gemeinsam geführt haben, dass du mir bei emotionalen Problemen geholfen hast oder, wenn ich steckenblieb. Du hast mir bei bedeutungsvollen und wichtigen Gains geholfen, wofür ich dir immer dankbar sein werde.

Und schließlich ist dieses Buch auch Joe Polish gewidmet, weil er das Genius Network gegründet und mich Dan und Babs vorgestellt hat. Ich habe unglaubliche GAINS als Mensch und als Unternehmer geschaffen, aufgrund deines Enthusiasmus, deiner Ideen und dem Netzwerk an Verbindungen, das du geschaffen hast. Danke dir vielmals dafür, Joe!

# INHALT

»Sie sollten Ihren Fortschritt in der Rückschau bewerten, von Ihrem Startpunkt aus, nicht an Ihren Idealen.«

– Dan Sullivan

# EINLEITUNG

## Wieso die meisten Menschen nicht glücklich sind

»Es gibt keinen Weg zum Glück – das Glück ist der Weg.«
– Thich Nhat Hanh

Thomas Jefferson verfasste 1776 die *Unabhängigkeitserklärung*, und seitdem waren die Amerikaner unglücklich.

Eine bestimmte Formulierung hat die amerikanische Kultur und Psychologie geprägt: »Leben, Freiheit und ***das Streben*** nach Glück.«

Bereits als junger Mann hatte Jefferson seine Mühe mit der Idee des Glücks. Er glaubte, wir sollten danach streben, aber es sei vermutlich unmöglich, es tatsächlich zu erreichen.

1763 schrieb Jefferson im Alter von 20 Jahren einen Brief an einen Kommilitonen vom College, John Page. Er erzählte davon, dass er vor Kurzem von einer Frau zurückgewiesen worden war.

> »Perfektes Glück, so glaube ich, war von der Gottheit nie als Schicksal für seine Kreaturen auf dieser Welt vorgesehen; aber es liegt in unserer Macht, uns an sie anzunähern, das habe ich stets fest geglaubt.«[1]

Das *Streben* nach einem Glück, das nicht zu erreichen ist, war Teil von Jeffersons Credo.

Diese Philosophie war die Grundlage seines Denkens, nicht nur als romantischer junger Mann, sondern auch als Mann im mittleren Alter, der die Prinzipien einer neuen Nation vor Augen hatte.

Was Jefferson nicht realisierte – durch diese einzelne Aussage in der *Unabhängigkeitserklärung* stellte er das »Glück« als *unerreichbar* dar. Diese Ansicht sollte die amerikanische Kultur formen.

Indem gesagt wurde, dass Glück etwas ist, nach dem wir *streben*, besteht die direkte Folge darin, dass wir es *im Moment nicht besitzen*.

Man strebt nicht nach etwas, das man bereits besitzt.

Selbst wenn wir schon Großes erreicht haben, sorgt dieses Streben dafür, dass das Glück immer vor uns bleibt und um die nächste Ecke wartet.

Glück folgt auf die *nächste* Leistung.

Glück liegt irgendwo in der *fernen Zukunft*.

Glück ist irgendwo da *draußen*.

Aber Glück ist nie *hier*.

Wenn Sie glauben, das sei weit hergeholt – eine kürzlich durchgeführte Umfrage stellte fest, dass *nur 14 Prozent* der amerikanischen Erwachsenen angeben, sie seien sehr glücklich.[2]

Ich will nicht die Schuld für das amerikanische Unglück alleine auf einen der wichtigsten Gründerväter Amerikas schieben. Aber Ideen kreieren Kultur, und Kultur ist vielleicht die mächtigste formende Kraft der menschlichen Identität und Entscheidungsfindung.[3]

Die Konsequenzen dieses Framings sind beträchtlich. Indem wir das Streben nach Glück uns ganz zu eigen machen, berauben wir uns selbst des Glücks im Hier und Jetzt. Wir wissen nicht zu würdigen, wer wir sind und was wir bis zu diesem Punkt geleistet haben.

Wenn Ihr Glück an etwas in der Zukunft geknüpft ist, dann wird Ihre Gegenwart geschmälert. Sie fühlen sich nicht glücklich, voller Selbstvertrauen oder erfolgreich. Aber vielleicht werden Sie es in der Zukunft sein, so scheint zumindest der logische Schluss zu lauten.

**Im Verlauf dieses Buchs werden Sie zusätzliche Gedanken in Form von vollseitigen Zitaten von Dan Sullivan finden.**

## DAS GLÜCK ZUR LAST MACHEN

»Es ist eine enorme Last, sich vorzustellen, das Glück sei etwas, das dort draußen ist und das man sich holen muss.«

Wenn Sie einem externen Glück hinterherjagen, liegt es daran, dass Sie den Kontakt zu Ihrem Inneren verloren haben. Und wenn dieser innere Kontakt fehlt, versuchen Sie eine Lücke – eine GAP – zu füllen.

*Stecken Sie in der GAP?*

In den frühen 1990er-Jahren hat Dan Sullivan, weltweit führender Unternehmercoach, herausgefunden, wie unausrottbar die GAP unter seinen sehr erfolgreichen Klienten war, so wie unter Menschen im Allgemeinen.

Er zeigte auf, dass die GAP eine toxische Geisteshaltung ist, die die Menschen davon abhält, glücklich zu sein und ihr Leben wertzuschätzen. Er wusste, solange die Menschen nicht aus der GAP kommen, werden sie nie so glücklich oder erfolgreich sein, wie sie sein könnten.

Er machte sich daran, den Leuten aus der GAP herauszuhelfen.

*GAP und GAIN* wurden zu einem der wichtigsten und wirkungsmächtigsten Konzepte von Dan. Bis heute war dieses Konzept exklusiv hinter den Mauern von Dan Sullivans Programm »Strategic Coach« verborgen.

## DIE GAP UND DER GAIN

> »Ihr künftiges Wachstum und Ihr Fortschritt basieren nun auf Ihrem Verständnis der zwei unterschiedlichen Arten, wie Sie sich selbst bewerten können: anhand eines Ideals, wodurch Sie in dem landen, was ich ›die GAP‹ nenne, und anhand Ihres Ausgangspunkts, wodurch Sie im GAIN landen und alles würdigen, was Sie bisher erreicht haben.«
>
> – DAN SULLIVAN

Die GAP findet sich sowohl in alltäglichen als auch absolut außergewöhnlichen Erfahrungen. Sie könnten in der GAP landen, weil Sie sich ärgern, dass Sie die kleinere Hälfte des Kekses bekommen haben (dazu später mehr). Oder Sie könnten in der GAP landen, angesichts Ihrer gesamten Vergangenheit – und sich wünschen, Ihr Leben wäre anders oder besser verlaufen.

High Achiever neigen besonders dazu, sich in der GAP aufzuhalten. So zeigen zum Beispiel Umfragen, dass CEOs doppelt so häufig unter

Depressionen leiden wie die Allgemeinheit.[4] Entrepreneure neigen eher zu Drogenmissbrauch sowie Depressionen und begehen häufiger Selbstmord.[5] Selbst nach einem gewaltigen Sieg drehen sich ihre Gedanken schnell wieder um das nächste, noch nicht erreichte Ziel. Auch wenn das zu einer Menge externer Erfolge führen kann, bleibt das Problem intern ungelöst. Viele – wenn nicht die meisten – High Achiever bleiben unglücklich, und ihr Unglück wird mit jeder externen Leistung tiefer und tiefer.

Das heißt, sie bleiben in der GAP.

Thomas Jefferson war natürlich eine inspirierende und bedeutende Persönlichkeit der amerikanischen Geschichte. Aber die Tatsache ist unumstößlich: *Jefferson war in der GAP.*

Und deswegen hat er nie das Glück »gefunden«, nach dem er strebte.

Leider wurde Jeffersons GAP-Denkweise vorherrschend in der westlichen Ideologie und dem westlichen Denken.

Ein Beispiel für dieses GAP-Denken ist ein erfolgreicher, aber unglücklicher Mann namens Edward.

Edward ist ein ehemaliger Klient von Chad Willardson, dem Gründer und Präsidenten von Pacific Capital, einer bedeutenden Vermögensberatungsfirma in Südkalifornien.

Anfang 2003, während seines ersten Treffens mit Edward, sah Chad an dessen Körpersprache, dass Edward unter Ängsten und Sorgen litt. Edward erwähnte, er mache sich Sorgen um den Aktienmarkt und auf welchem Kurs sich die Wirtschaft befand. Chad versicherte ihm, mit dem richtigen Team, einem guten Plan und einer Strategie wäre seine finanzielle Zukunft sicher und von Überfluss geprägt.

Nachdem er über Edwards finanzielle Situation im Bilde war, bestätigte Chad Edward, dass er jeden Grund habe, zuversichtlich in die Zukunft zu blicken. Damals war Edward Anfang 40 und hatte ein mehrfaches sechsstelliges Einkommen und 2,5 Millionen Dollar Bargeld, das er investieren wollte.

Er sagte Chad: »Wenn ich nur mein Investmentportfolio auf fünf Millionen bringen kann, würde ich mich finanziell abgesichert fühlen und könnte endlich entspannen.«

Sie setzten Edwards Ziel auf fünf Millionen fest.

Edward befolgte den Plan, den Chad und er entwickelt hatten. Er zahlte jedes Jahr mehr Geld auf sein Konto ein und seine Investments wuchsen, und die Rendite war ausgezeichnet.

Innerhalb weniger Jahre übertraf er sein ursprüngliches Ziel von fünf Millionen Dollar Vermögen in seinem Investmentportfolio. Aber als er das Ziel erreicht hatte, fühlte er sich immer noch nicht abgesichert.

Er war in der GAP.

Er machte sich Sorgen um die Zukunft.

»Ich habe das Gefühl, ich brauche zehn Millionen Dollar, um mich wirklich sicher zu fühlen«, sagte er zu Chad.

Bei seinem enormen Einkommen und seiner Investmentstrategie erreichte sein Portfolio irgendwann mehr als 10 Millionen Dollar, und 2019 lag es dann bei 17 Millionen – mehr als dreimal so viel wie sein ursprüngliches Ziel der finanziellen Freiheit.

Von einer Außenperspektive betrachtet, lebte dieser Mann den amerikanischen Traum und kostete ihn voll aus. Er hatte mittlerweile ein siebenstelliges Einkommen. Er hatte ein gewaltiges finanzielles Polster aufgebaut aus verschiedenen Assets, die Rendite erwirtschafteten. Und er war zweifellos ein gewiefter und cleverer Geschäftsmann.

Aber er verlor nie sein GAP-Mindset. Er lernte nie, seine GAINS wertzuschätzen. Nie war er dankbar oder glücklich über seine Situation.

Er blieb ängstlich und sorgte sich um die Zukunft. Weiterhin konsumierte er seine GAP-Medien, die ihn überzeugten, die Finanzwelt stünde vor dem Kollaps und er würde all sein Geld verlieren.

Er bat um ein Meeting mit Chad. Die Planung und Strategie, die er so erfolgreich über die vorherigen 16 Jahre durchgeführt hatte, wollte er aufgeben und sein Geld völlig konservativ anlegen. Seine Sicht auf die Zukunft war pessimistisch. Er rechnete nicht mit künftigem Wachstum.

Angesichts dessen, dass Edward den Plan und die Strategie aufgeben wollte, die Chad ihm angeboten und für ihn durchgeführt hatte, war es klar, dass sie nicht länger auf einer Linie lagen. Sie beschlossen, getrennte Wege zu gehen.

Edward verkaufte seine Investments und deponierte all sein GAP-Geld auf der Bank, wo es seit Anfang 2019, als sie diese Unterhaltung geführt hatten, herumliegt. Zum Zeitpunkt der Niederschrift dieses Buches Mitte 2021 ist der S&P-Index um über 68 Prozent gewachsen, in den zwei Jahren, seitdem Edward ängstlich sein Geld vom Markt abgezogen hat.

Edward konnte der GAP nicht entfliehen.

Edward konnte seine GAINS nicht wertschätzen.

Er versuchte stets, eine GAP zu überbrücken, von der er glaubte, sie lauere irgendwo in seiner Zukunft.

Aber die unumstößliche Tatsache ist, dass die GAP immer *tief in ihm selbst* steckte. Letztlich wurde sein GAP-Denken so extrem, dass er überhaupt nicht mehr an seine Zukunft glaubte.

Das ist eine traurige Geschichte.

Aber noch trauriger ist, wie häufig das passiert.

Sie sind vielleicht auch schon mal auf dieses GAP-Denken hereingefallen.

Vielleicht haben Sie auch, wie Thomas Jefferson und Edward, »Glück« und »Erfolg« für Ihre Zukunft reserviert, aber nie in Ihrer Gegenwart verortet.

Wenn das so ist, ***werden Sie nie das Glück »finden«***.

Trotz Ihres wachsenden Erfolgs werden Glück und Sicherheit sich Ihnen entziehen, denn das GAP-Denken stoppt irgendwann jegliches Wachstum.

Wenn Sie in der GAP sind und glauben, dass »Glück« und »Erfolg« Dinge sind, nach denen Sie »streben« und die Sie irgendwann in der Zukunft besitzen werden, stecken Sie in Schwierigkeiten.

Sie sorgen für Ihr eigenes Ungemach.

Was genauso schlimm ist: Sie machen alle um sich herum mit Ihrem GAP-Denken unglücklich.

Wenn man in der GAP ist, sieht man alles durch eine GAP-Linse. Nichts ist je genug. Nichts *wird* je genug sein. Man kann den GAIN bei sich selbst oder anderen nicht mehr sehen. Und solange man das nicht tut, wird man niemals glücklich werden. Das ist schlicht und einfach so.

Jefferson hatte unrecht.

Das Glück liegt nicht in der Zukunft.

Wenn Sie bereit sind, endlich aus der GAP zu kommen, dann werden Sie in diesem Buch lernen wie. Es wird Ihnen den EINZIGEN Weg aus der GAP zeigen. Und zum Glück ist es für Sie unglaublich einfach. Aber lassen Sie sich nicht von der Einfachheit dessen, was Sie lernen werden, in die Irre führen.

Es liegt in der menschlichen Natur, in der GAP zu verweilen.

Der GAIN ist das Gegenmittel.

Der GAIN schafft unmittelbares Glück.

Der GAIN verbindet Sie mit Ihrem innersten Selbst und Ihrem eigenen Fortschritt.

Der GAIN verwandelt alles.

Der GAIN gibt Ihnen die Macht, die Richtung Ihres Lebens zu ändern.

*Der GAIN holt Sie aus der GAP.*

An dem Tag, an dem Dan die GAP entdeckt hatte, war er von einem seiner Klienten frustriert, nämlich von Bob (nicht sein richtiger Name), der selbst wiederum frustriert war und daher negative Energie im Rest der Gruppe verbreitete.

Ein fundamentaler Aspekt von Strategic Coach, Dans Coaching-Programm, besteht darin, dass sich seine Klienten aus dem Unternehmensbereich alle 60 – 90 Tage treffen. Bei diesen Treffen nutzten die Entrepreneure Analysewerkzeuge, die es ihnen erlauben, zu reflektieren, Strategien zu entwerfen und einzigartige sowie hilfreiche Perspektiven für ihr Leben und Ihr Unternehmen zu entwickeln.

Dan fragte Bob, was er in den vorhergehenden 90 Tagen erreicht hatte, und Bob erzählte von einigen seiner Fortschritte, die er mit seinem Unternehmen gemacht hatte, wie einen neuen Deal, den sie sich gesichert hatten.

Aber sofort, nachdem er berichtet hatte, was sie getan hatten, erklärte Bob, dass ihr »Fortschritt« eigentlich gar nichts bedeute, weil es nicht das war, was hätte passieren können oder sollen.

*»Ja, aber nichts davon bedeutet wirklich etwas, weil …«*

Während er Bob dabei zuhörte, wie er seinen Fortschritt entwertete und sich über seine Lage beschwerte, sah Dan plötzlich deutlich eine Erklärung vor seinem geistigen Auge für diese merkwürdige Angewohnheit erfolgreicher Entrepreneure, ihr eigenes Wachstum und Selbstvertrauen zu unterminieren. Es war nicht das erste Mal, dass er einen seiner Klienten über dessen Fortschritt lamentieren hörte.

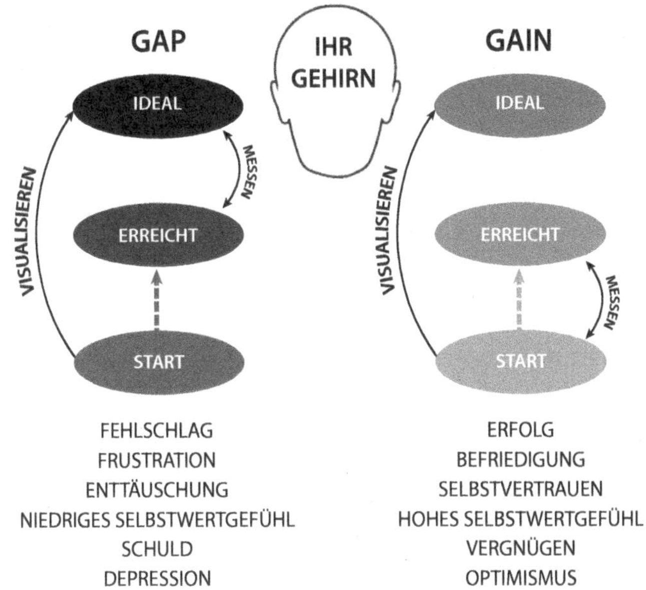




Dan trat an sein Flipchart und malte ein Bild, um Bob zu erklären, was passierte.

Oben auf das Blatt schrieb Dan das Wort *Ideal.*

Untenhin schrieb er *Start.*

Dann schrieb er zwischen die beiden Worte, mitten auf die Seite, das Wort *erreicht.*

Dann zeichnete er eine Linie ein zwischen den Worten *erreicht* und *Ideal.*

Er erklärte es Bob folgendermaßen:

»Der *Start* ist da, wo du vor 90 Tagen warst.

Was du *erreicht* hast, ist, was du tatsächlich in den vergangenen 90 Tagen geschafft hast.

Das *Ideal* ist da, wo du gerne wärst.

Du hast ein Ideal im Kopf und du misst dich selbst an diesem Ideal statt an dem tatsächlichen Fortschritt, den du erzielt hast. Deswegen bist du unglücklich mit dem, was du getan hast, und deswegen bist du wahrscheinlich auch mit allem in deinem Leben unzufrieden.

Du bewertest dich selbst innerhalb der GAP.«

Während er zeichnete und laut nachdachte, formulierte Dan unbewusst das, was zu einem der wichtigsten, transformativsten und anhaltendsten Konzepte im Strategic-Coach-Programm werden sollte.

Aber in diesem Moment war es nur eine erste, noch nicht ausgefeilte Einsicht. Und Bob, der missmutige Mann, mit dem Dan redete, wollte nicht hören, was Dan zu sagen hatte. Stattdessen blieb Bob in der GAP, beschwerte sich über Dans Erklärung und wies darauf hin, wie und warum sie nicht auf ihn zutraf.

Trotz Bobs Widerrede waren die anderen Unternehmer im Raum ganz von den Socken wegen dem, was Dan ihnen beibrachte. Sie konnten sofort sehen, wie die GAP auf ihre eigene Situation anwendbar war.

Sie sahen, wie die GAP ihr Leben durchdrungen hatte und sie unglücklich machte.

***Jedes Mal, wenn Sie sich selbst oder Ihre Situation an einem Ideal messen, befinden Sie sich in der GAP.***

Nehmen wir zum Beispiel an, dass Sie mit Ihrem Partner oder Ihrer Partnerin auf dem Weg zu einem Konzert sind, auf das Sie sich schon gefreut haben, aber Sie sind fünf Minuten zu spät. Wenn Sie sich auf diese fünf Minuten konzentrieren und deswegen frustriert sind, *befinden Sie sich in der GAP*.

Sie bewerten sich anhand eines Ideals.

Sie leben nicht im Moment.

Alles, was Sie tun müssen, ist, sich auf den GAIN zu konzentrieren und auf die Tatsache, dass Sie einen tollen Abend verbringen. *Der ganze Abend ist der GAIN*.

Wenn Sie sich auf den GAIN konzentrieren, werden Sie glücklich sein.

Egal, in welcher Situation Sie sich befinden, Sie sind entweder in der GAP oder im GAIN, aber Sie können nicht in beiden auf einmal sein.

Meine Frau Lauren kocht jeden Abend selbst. Manchmal setzen sich unsere Kinder an den Tisch und beschweren sich, dass es nicht ihr Lieblingsgericht gibt.

*»Seid ihr in der GAP oder im GAIN?«,* frage ich sie dann.

Sie haben es mittlerweile so oft gehört, dass sie es sich manchmal tatsächlich merken.

»Danke, dass du das Abendessen gemacht hast, Mom.«

Die Wahrheit ist, sie haben gerade etwas GEWONNEN, oder nicht?

Sie wussten das Essen vor sich nicht zu schätzen – oder ihr Leben, wo wir schon dabei sind –, denn sie maßen ihre Erfahrung in diesem Moment an einem Ideal.

## FLIEHEN SIE AUS DEM GAP-HAMSTERRAD

> »Der Tag, an dem du aufhörst zu rennen, ist der Tag, an dem du das Rennen gewinnst.«
>
> – BOB MARLEY

Sich selbst an einem Ideal zu messen, ist ein endloses Rennen ins Nirgendwo. Dieses »Ideal« könnte in Form von Hoffnung oder Erwartung auftreten. Es könnte ein Vergleich mit etwas oder jemandem sein. *»Ihre Gehaltserhöhung war größer als meine.«*

In der GAP zu sein, hält einen davon ab, innerhalb des eigenen Erfahrungshorizonts zu leben. Es hält Sie davon ab, wertzuschätzen, wo Sie in diesem Moment stehen. Es hält Sie davon ab, glücklich zu sein.

Wie Greg McKeown es ausgedrückt hat:

> »Wenn Sie sich auf das konzentrieren, was Ihnen fehlt, verlieren Sie, was Sie haben. Wenn Sie sich auf das konzentrieren, was Sie haben, gewinnen Sie dazu, was Ihnen fehlt.«[6]

Wenn Sie in der GAP sind, verlieren Sie das, was Sie haben.

Die GAP macht jede Erfahrung zu etwas Negativem, was bedeutet, dass man schlechter dran ist, als vor dieser Erfahrung.

Die GAP macht jeden Fortschritt zu einer Enttäuschung. Was immer Sie tun, ist nicht genug, denn der »Erfolgsstandard« verschiebt sich.

Die GAP macht einen zum Tyrannen. Alles, was man sehen kann, sind die Defizite anderer.

Ideale sind wie der Horizont in der Wüste. Egal, wie viele Schritte Sie nach vorne machen, der Horizont ist immer noch außer Reichweite.

In der Psychologie gibt es einen Begriff für diesen sich verschiebenden Horizont, *hedonistische Adaption*. Das ist die Neigung des Menschen, sich schnell daran anzupassen, wo er steht und was er hat. Das führt dazu, dass man nie zufrieden ist und stets nach etwas Neuem sucht.[7]

Hedonistische Adaption ist so wirkungsvoll, dass es egal ist, wie groß eine Veränderung ist – man heiratet die Frau der Träume, verdoppelt sein Einkommen oder erreicht alle seine Ziele –, die Begeisterung lässt nach, und man fühlt sich bald wieder »normal« und unerfüllt.[8]

Man hat sich weiterbewegt und der Horizont mit einem.

Der Psychologe Dr. Michael Eysenck benutzte einen anderen Begriff, um dieses Phänomen zu beschreiben: »die hedonistische Tretmühle.«[9] Wenn man in dieser Tretmühle steckt, arbeitet man mehr und mehr, um glücklich zu sein, aber bleibt genau an dem Punkt stehen, *an dem man angefangen hat.*

Der Grund für die hedonistische Tretmühle ist, dass man den Menschen nicht beibringt, wie man glücklich ist. Ideale sollen uns Richtung, Motivation und Sinn im Leben geben.

*Sie sind nicht der Maßstab.*

Unsere Gesellschaft hat uns dazu gedrillt, *uns anhand unserer Ideale zu bewerten, die per definitionem unerreichbar sind.*

Ziele hingegen sind erreichbar.

Aber unsere Gesellschaft ist von zunehmend aufgeblasenen und unerreichbaren Zielen angetrieben. Und deswegen leben wir in einer Kultur, die konsumgetrieben ist. Deswegen messen wir uns an unseren Nachbarn.

Selbst die Religion, die den Menschen Hoffnung und Heilung bringen soll, kann ein Grund sein, wieso sich Menschen in die GAP begeben. Ein Freund erzählte mir: »Ich habe mich immer an der Perfektion gemessen, denn ich glaube, Gott kann mich perfekt machen. Und ich erfülle nie die Erwartungen.«

## ZIELE STEIGERN DAS LEBENSGLÜCK

»Ich glaube nicht, dass wir uns Ziele setzen und sie erreichen, um glücklich zu werden. Wir tun es, weil wir glücklich sind und dieses Glück vermehren wollen.«

Vielleicht hat er das Memo nicht bekommen, dass Gott im GAIN ist und nicht in der GAP.

Nehmen wir an, Ihr Startpunkt ist 1 und Ihr Ziel ist 30, aber Sie schaffen es nur bis 22. Sie sind im GAIN, wenn Sie sich auf den tatsächlichen Fortschritt konzentrieren, den Sie gemacht haben.

Sie sind in der GAP, wenn Sie sich anhand der 30 messen, denn Ihnen fehlen noch 8. Wenn Sie im Gain sind, vergleichen Sie sich mit der 1 und sehen, dass Sie 21 Punkte zugelegt haben.

***Im GAIN zu sein bedeutet, Sie bewerten sich in der Rückschau am Maßstab dessen, wo Sie vorher waren.***

Sie bewerten *Ihren eigenen* Fortschritt, Sie vergleichen sich nicht mit etwas Externem. Sie bewerten sich nicht anhand Ihrer Ideale.

Wir alle machen unzählige Erfahrungen im Leben. Die Frage ist: Wissen wir diese auch wirklich zu schätzen? Oder vergleichen wir unsere Erfahrungen mit denen von anderen?

Wenn Sie im GAIN sind, wissen Sie Ihre Erfahrungen zu schätzen – *und zwar alle.*

Jede Erfahrung wird als ein GAIN gesehen.

Wenn Sie im GAIN sind, basiert Ihr Leben auf Ihren eigenen Handlungen und Resultaten, nicht auf dem, was hätte passieren können oder sollen.

Beim GAIN geht es um wirklich »Messbares«, nicht um Ideale. Wie es der Performance-Coach Tim Grover ausgedrückt hat: *»Gewinner haben keine ›Zu-Erledigen‹-Liste. Sie haben eine ›Erledigt‹-Liste.«*[10]

Wenn man im GAIN ist, konzentriert man sich auf das, was man tatsächlich getan hat. Man misst die eigenen GAINS und nutzt diese, um in der Zukunft weitere und bessere zu schaffen.

Jede Erfahrung kann zu einem GAIN umgewandelt werden.

Im GAIN zu sein, macht Sie psychologisch kugelsicher. Es ist egal, was tatsächlich passiert, Sie können die Erfahrung in einen GAIN verwandeln.

*Haben Sie Ihr Bein bei einem Autounfall verloren?* Messen Sie den GAIN. Verwandeln Sie es in einen GAIN.

*Ihr Partner oder Ihre Partnerin betrügt Sie?* Messen Sie den GAIN. Verwandeln Sie es in einen GAIN.

*Ihr Unternehmen scheitert?* Messen Sie den GAIN. Verwandeln Sie es in einen GAIN.

*Sie verlieren Ihr Geld bei einem Schneeballsystem?* Messen Sie den GAIN. Verwandeln Sie es in einen GAIN.

Das mag sich nach etwas extremen Beispielen anhören. Aber Sie werden bald feststellen, dass jede Erfahrung tatsächlich in einen GAIN umgewandelt werden *kann.*

Dan erklärt es so:

> »Ich habe festgestellt, wenn mir etwas sehr Emotionales passiert, lässt es mich nicht los, bis ich es in eine Lektion verwandelt habe. Bevor mir das klar war, konnte mich eine negative Erfahrung lange Zeit lähmen.«[11]

Es ist wirklich egal, welche Erfahrung das war. Es ist alleine Ihre Entscheidung, wie Sie diese framen – ob in der GAP oder im GAIN.

Immer wenn Sie eine Erfahrung in einen GAIN verwandeln – indem Sie neue Lektionen, Einsichten oder Standards für sich selbst herausziehen –, arbeiten Sie an sich, und Ihre Zukunft wird rosiger.

Eine Erfahrung wird erst dann wertvoll und nützlich, wenn Sie sie in einen GAIN verwandelt haben.

Viele Menschen haben eine Menge Erfahrung, aber sehr wenig daraus gelernt.

Wenn Sie bei irgendeiner Erfahrung in der GAP sind, wird diese Erfahrung zu einer Art Trauma für Sie. Das Wort *Trauma* mag sich extrem anhören, aber ein Trauma ist seiner Natur nach eine Erfahrung, die Sie als negativ abgestempelt haben; die sie vermeiden und die anhaltende Dysfunktionalität und Beeinträchtigung in Ihrem Leben verursacht.

Wenn eine Erfahrung in der GAP verankert wird, haben Sie nichts daraus gelernt. Sie gehört nicht zu Ihrem Erfahrungsschatz. Solange Sie nicht aktiv aus einer GAP-Erfahrung gelernt haben, stecken Sie fest. Sie werden nicht in der Lage sein, von der Stelle zu kommen, bis Sie die Erfahrung als einen GAIN verbucht haben; bis Sie beschließen, dankbar für diese Erfahrung zu sein und einen persönlichen Gewinn daraus gezogen haben.

Sobald Sie selbst im GAIN sind, geht es Ihnen besser.

Sie sind nicht mehr verbittert.

Sie sind dankbar für jede Erfahrung.

Sie leben Ihr Leben basierend auf Ihrem eigenen Maßstab für Erfolg – den Sie selbst ausgewählt haben.

Sie heißen das »Scheitern« (also das *Lernen*) willkommen, denn Sie verwandeln aktiv jede Erfahrung in Lernen und Wachstum – GAINS.

Seth Godin sagte:

> »Die Regel ist einfach: Die Person, die am häufigsten scheitert, wird den Sieg davontragen. Wenn ich häufiger scheitere als Sie, werde ich gewinnen. Denn um weiter zu scheitern, muss man gut genug sein, das Spiel weiter zu spielen.«[12,13]

Alles im Leben widerfährt nicht IHNEN, sondern geschieht FÜR Sie.

Nichts kann Sie aufhalten, solange Sie jede Erfahrung in einen GAIN verwandeln.

Indem Sie Ihren eigenen Maßstab für Erfolg definieren, und indem Sie aktiv durch Ihre Erfahrungen wachsen, werden Sie immer wieder erstaunt sein, wie weit Sie gekommen sind.

Sie werden immer wieder einen Blick darauf werfen, wo Sie vorher waren, und Sie werden beschleunigtes Wachstum sehen.

Sie werden zunehmend greifbare und messbare Fortschritte sehen.

Ihre Fortschritte werden den meisten Außenstehenden erstaunlich vorkommen, denn viele Leute verbringen lange Zeit in der GAP, was bedeutet, dass sie ihre Erfahrungen nicht in Lernen verwandeln. Es bedeutet, sie nutzen nicht jede Erfahrung, um weiter zu verfeinern, wie sie Erfolg definieren und messen.

Wenn Sie im GAIN sind, werden Sie nicht aufzuhalten sein.

Wenn Sie im GAIN sind, wird Ihr Fortschritt zunehmend für Sie selbst und alle um Sie herum messbar sein.

Aber, je mehr Sie im GAIN sind, desto weniger werden Sie sich mit anderen vergleichen, im Wettstreit stehen oder sich auch nur Gedanken machen, was andere von Ihnen halten.

## IHR AUSGANGSPUNKT IST GLÜCK

»Ihr Ausgangspunkt ist Glück, und indem Sie das Ziel erreichen, verbreitern Sie dieses Zentrum. Es kommt also zu einer anhaltenden Ausdehnung des Glücks.«

Im GAIN zu sein, führt dazu, dass Sie zunehmend einzigartig und selbstbestimmt als Person werden. Indem Sie sich nicht mehr an externen Maßstäben messen und jede Erfahrung in einen GAIN verwandeln, werden Sie einzigartig und heben sich von allen anderen ab.

Sie spielen Ihr eigenes Spiel.

Sie sehen jeden Tag neue Fortschritte.

Sie definieren, was Ihre eigenen Erfahrungen bedeuten.

Sie lieben Ihr Leben.

## SEIEN SIE FÜR ANDERE IM GAIN

»Das Leben hat die Bedeutung, die Sie ihm zuschreiben.«

– JOSEPH CAMPBELL[14]

Mein Name ist Dr. Benjamin Hardy. Ich bin Organisationspsychologe und Bestsellerautor. Ich habe außerdem mit Dan Sullivan als Co-Autor dieses Buch verfasst.

Gemeinsam haben Dan und ich *Who Not How: The Formula to Achieve Bigger Goals Through Accelerating Teamwork* (dt.: *Frag nicht wie – frag wer!: Für jede Aufgabe die besten Mitarbeiter finden und einsetzen*) geschrieben. Das Buch wurde 2020 veröffentlicht und wurde zum landesweiten Bestseller.

Wenn Sie die Frage »Wer?« und nicht »Wie?« stellen, befreien Sie sich selbst von der Last, all die Arbeit selbst tun zu müssen. Stattdessen werden Sie zu einem Leader mit Visionen und haben ein Team fähiger »Wers« an Bord, die diese Visionen umsetzen.

Deswegen *bin ich* derjenige, der das Buch schreibt und nicht Dan. Er schreibt diese Art von Büchern nicht, das mache ich. Aber er will, dass sie verfasst werden. Statt sich um das »Wie« selbst zu kümmern, sucht sich Dan die »Wers«, um ihn bei seiner wachsenden Vision zu unterstützen.

Strategic Coach ist das beste Coaching-Programm für Entrepreneure weltweit. Tausende Topunternehmer der Welt werden alle 60 – 90 Tage von Strategic Coach ausgebildet.

Die Mission lautet, unternehmerische Freiheit, Glück und Erfolg zu steigern.

Wenn Sie die Lehren von Dan und seine Werkzeuge verstehen, werden Erfolg und Freiheit unausweichlich. Ich kann das selbst bestätigen. Ich begab mich 2014 bei Dan in die Lehre, im ersten Jahr meines Doktorats. Damals verdiente ich 12.000 Dollar im Jahr als promovierender Forschungsassistent. Durch das, was ich von Dan gelernt habe, konnte ich ein Unternehmen mit siebenstelligem Umsatz aufbauen und ein Team auf die Beine stellen, noch bevor ich promovierte. Seitdem habe ich weiter das Prinzip des »Wer nicht Wie« angewendet, um meine Resultate weiter in die Höhe zu schrauben und mehr Freiheit in meinem Leben zu verwirklichen.

Aber so begeistert ich auch war, das »Wer nicht Wie« mit der Welt zu teilen, so bin ich doch noch mehr begeistert, *Das Gap-and-Gain-Konzept* mit Ihnen zu teilen. Nachdem ich die letzten zwölf Jahre damit verbracht habe, einen Doktor in Psychologie zu machen, und nachdem ich über 1000 Bücher zu diesem Thema gelesen habe, kann ich mit Überzeugung sagen, dass ich nie ein Konzept oder ein Rahmenwerk gefunden habe, das so prägnant, klar und nützlich war, wie *Das GAP-and-GAIN-Konzept.*

In diesem einzelnen simplen Konzept steckt ein ganzer Expertenkurs über positive Psychologie, gesunde Beziehungen, mentale Gesundheit und Leistungsfähigkeit. Alles, was Psychologen darüber wissen, wie man effektiv und erfolgreich wird, lässt sich umsetzen, indem man das Konzept von GAP und GAIN anwendet.

Es ist die ultimative Vereinfachung oder das, was Dan eine »intellektuelle Abkürzung« nennen würde.

Ich werde Ihnen sagen, wieso ich dieses Buch geschrieben habe. Als ich das erste Mal vom Konzept GAP und GAIN erfahren habe, setzte ich es sofort ein, und es veränderte mein Leben. Es veränderte, wie ich mit meiner Arbeit, meinem Team und vor allem meiner Familie umging.

Als Familie beziehen wir uns jeden Tag auf GAP und GAIN. Meine Kinder weisen mich sogar darauf hin, wenn sie mich dabei erwischen, wie ich in die GAP falle (was leider öfter passiert, als ich zugeben mag).

Ich werde Ihnen etwas sehr Persönliches erzählen: Ich hasse mich selbst, wenn ich in der GAP bin. Wenn ich meinen Kindern gegenüber in der GAP bin – besonders bei den drei älteren, die wir vor einigen Jahren adoptiert haben und die vorher bei Pflegeeltern lebten –, richte ich enormen psychologischen Schaden an.

Wenn Sie anderen gegenüber in der GAP sind, sehen Sie nur die Punkte, bei denen sie den Ansprüchen nicht gerecht werden.

Sie sehen nur ihre Fehler.

Sie sehen nicht ihre GAINS oder ihr Wachstum.

Man nehme als Beispiel meinen ältesten Sohn. Er ist ein unglaublicher junger Mann. Wir haben ihn das erste Mal getroffen, als er mit sieben Jahren in einem Kinderheim lebte. Seitdem ist er bei uns und einfach einer meiner liebsten Menschen.

Ab und an versucht er, sich um Arbeiten im Haushalt oder seine Schulhausarbeiten zu drücken. Das ist sicher typisch für Kinder, aber es geht mir immer gewaltig gegen den Strich, und wenn ich ihn dabei erwische, kann ich ziemlich frustriert sein.

*»Wieso versuchst du dich immer um Sachen zu drücken?!«*, schnauze ich ihn an.

Er klinkt sich emotional völlig aus, wenn ich das mache.

Später sagte er mir, dass es sich so anfühle, als würde ich nur seine Fehler sehen.

Wenn ich in der GAP bin, was meinen Sohn angeht, messe ich ihn daran, *wie ich mir wünschte, dass er als Person wäre*. Ich bewerte sein Verhalten anhand meiner Ideale. Indem ich meinen Sohn durch die GAP-Linse betrachte, sehe ich nur seine Fehler. Ich sehe ihn nicht so, wie er wirklich ist, in diesem Moment.

Ich sehe sein Wachstum nicht.

Ich sehe seine Fortschritte nicht.

Wenn ich ihn mit Bedacht direkt in diesem Moment daran messe, wie er war, als ich ihn das erste Mal getroffen habe, *ist es unglaublich, wie viel Fortschritte er gemacht hat*. Nicht nur intellektuell, sondern emotional, physisch und in vielerlei anderer Hinsicht. Es ist absolut erstaunlich, wie sehr er gewachsen ist und sich verändert hat.

## IDEALE ERHELLEN UNSEREN PFAD

»Das Ideal ist wie die Sonne, die einen Pfad vor Ihnen bescheint, um Sie zu ermutigen, die notwendigen Schritte zu unternehmen, um Ihr Ziel zu erreichen.«

Aber wenn ich in der GAP bin, *sehe ich das alles nicht.* Das Einzige, was ich sehe, sind die Punkte, in denen er meinen sich stets verändernden Idealen nicht gewachsen ist.

Wenn ich in der GAP bin, werde ich zum Tyrannen und schikaniere meinen Sohn, statt sein größter Fan und Unterstützer zu sein.

Und deswegen sind GAP und GAIN zentral für mein Leben. Ich habe gelernt, mich auf die GAINS zu konzentrieren, diese GAINS auch in Worte zu fassen, meinen Sohn darauf hinzuweisen und auch alle anderen um mich herum.

Wenn Sie sich auf den GAIN konzentrieren, werden Sie und alle um Sie herum transformiert.

# TEIL 1

# LASSEN SIE DIE GAP HINTER SICH

# KAPITEL 1
# GENIESSEN SIE DIE FREIHEIT, ETWAS ZU »WOLLEN«

## Vermeiden Sie es, etwas zu »brauchen«

»Sie und nur Sie sind die Person, die Ihren Erfolg bewerten sollte. Ich versuche nicht, besser als irgendjemand sonst zu sein. Ich versuche nur, besser als ich selbst zu sein.«
– DAN JANSEN

Dan Jansen wird von vielen für einen der besten Eisschnellläufer aller Zeiten gehalten. Mit gerade einmal 16 Jahren trat er bei den Olympischen Winterspielen 1984 an und hätte es beinahe auf die Medaillenränge geschafft. Im folgenden Jahrzehnt wurde für alle, die Eisschnelllauf verfolgen, deutlich, dass Jansen der *talentierteste* Eisschnellläufer auf dem Planeten war.

Aber er schien wie verhext zu sein.

Bei seinen größten Rennen startete er mit rekordverdächtigen Geschwindigkeiten. Aber dann schien immer irgendetwas zu passieren, das ihn den Sieg kostete. Kleinigkeiten. Zufälle. Viele waren der Ansicht, dass er eine Olympiamedaille verdient hatte.

Bei den Olympischen Winterspielen 1994 hatte Jansen die letzte realistische Chance, eine Olympiamedaille zu gewinnen. Bei seinem stärksten

Wettkampf, dem 500-Meterlauf, wurde er Achter und war am Boden zerstört. Es sah letztlich doch nicht so aus, als würde er jemals seine Olympiamedaille gewinnen.

Er hatte noch einen letzten Lauf, die 1000 Meter, die er immer als seine schwächste Disziplin betrachtet hatte.

Vor dem Rennen beschloss Jansen mit einer ganz neuen Einstellung an den Start zu gehen.

Statt in der GAP zu bleiben und darüber nachzudenken, welche Medaille er brauchte, um sich für erfolgreich zu halten und sich an all die Rennen zu erinnern, die er hätte gewinnen *sollen*, aber nicht gewonnen hatte; beschloss er, im GAIN zu sein und sich auf alles Großartige in seinem Leben zu konzentrieren.[15]

Er dachte an die Trainer, die endlos viel Energie und Fürsorge in ihn investiert hatten.

An seine Familie, die ihn liebte.

An seine Freunde, die ihn unterstützten.

An all die erstaunlichen Erfahrungen und Segnungen, die ihm widerfahren waren.

Die Tatsache, dass er einer der besten Eisschnellläufer aller Zeiten geworden war.

Er dachte sogar über seine Liebe zum Eisschnelllauf selbst nach und wie viel es für ihn als Person bewirkt hatte.

Ihm kamen die Tränen, und er war überwältigt, als er darüber nachdachte, wieviel er während seines Lebens und als Eisschnellläufer GEWONNEN hatte.

Durch diese Überlegungen verstand er, wie glücklich er sich schätzen konnte überhaupt in dieser Situation zu sein. *Er nahm am Eisschnelllauf der Olympischen Spiele teil!*

Indem er die GAINS in seinem Leben wertschätzte, empfand Jansen eine tiefe Demut.

Er beschloss, sein letztes olympisches Rennen würde ein *Ausdruck seiner Dankbarkeit* sein – eine Art, »Danke« und »Auf Wiedersehen« zu sagen, zum Sport, zu den Menschen und den Erfahrungen, die er so geliebt hatte.

In diesem Moment war es nicht mehr wichtig, ob er gewann oder verlor.

Er wurde von Freude und Dankbarkeit überwältigt und beschloss mit all den GAINS in seinem Leben *als Motivation* das Rennen zu bestreiten.

Während des Rennens grinste er über beide Ohren. Er sagte später, so glücklich sei er beim Eislaufen noch nie gewesen.

In diesem Rennen wurde ein neuer Weltrekord aufgestellt, und es war einer der emotionalsten Siege in der Geschichte der Olympischen Spiele. Jansen lief nahezu perfekt und gewann Gold.

Er gewann seine olympische Goldmedaille in diesem, seinem letzten Rennen. Es war das erste Rennen, das er jemals im GAIN und nicht in der GAP gelaufen war.

Glück ist nicht etwas, nach dem man strebt.

Glück ist nichts, was in der Zukunft liegt.

Jahrzehnte wissenschaftlicher Forschung kamen zu einem eindeutigen Ergebnis: **Glück ist *der Startpunkt,* nicht die Ziellinie.**[16]

Betrachten Sie die *Broaden-and-build-Theorie* in der Psychologie, die von Dr. Barbara L. Fredrickson entworfen wurde. Diese zeigt, dass positive Emotionen der Startpunkt für Lernen, Wachstum und Höchstleistungen sind.[17]

Positive Emotionen *vergrößern* Ihre Optionen beim Nachdenken und Handeln. Ein Beispiel: Forschungen haben gezeigt, dass Menschen in Situationen, bei denen viel auf dem Spiel steht, die besten Entscheidungen treffen, wenn sie sich in einem Zustand der Dankbarkeit befinden. Sie haben einen besseren Blick für die beste Option, die sich ihnen bietet.[18] Und wenn man es von der anderen Seite betrachtet, verengen negative Emotionen Ihre Optionen, und Sie sehen nur noch ein paar festgelegte Möglichkeiten, mit einer gegebenen Situation umzugehen.

Mit einem erweiterten Horizont können Sie dann neue »Ressourcen« *aufbauen,* die Sie gleich oder in der Zukunft zum Einsatz bringen können – egal ob das neue Perspektiven sind, gesteigerte emotionale Flexibilität, neue Strategien oder neue Beziehungen.

Positive Emotionen ermöglichen bessere Leistungen, was das Selbstvertrauen stärkt und weitere positive Emotionen von anderen für Sie herausfiltert. Ein positiver Kreislauf.

Dan Jansen nutzte das *Broaden-and-build*-Phänomen, als er sich von der GAP weg auf den GAIN konzentrierte. Indem er sich auf die GAINS in seinem Leben fokussierte, *fühlte er sich sofort besser*, wenn er sein eigenes Leben betrachtete. Er wurde geradezu von Freude und Dankbarkeit überwältigt. Diese positiven Emotionen machten ihn flexibler und kreativer während seines Rennens. Er absolvierte das Rennen mit Freude und fuhr besser als je zuvor.

Im GAIN zu sein, erweiterte Jansens Möglichkeiten und transformierte ihn.

Aber die Auswirkungen sind noch größer. Psychologische Forschungen zeigen, dass Erfolg nicht durch Selbstvertrauen entsteht, sondern stattdessen vorheriger Erfolg Selbstvertrauen schafft.[19] Während er in der GAP war und über die Rennen nachdachte, die er hätte gewinnen sollen, aber nicht gewann, zerstörte Jansen unabsichtlich sein eigenes Selbstvertrauen, was sein letztes Rennen negativ beeinflusst hätte.

Stattdessen konzentrierte er sich auf die GAINS in seinem Leben, und indem er auf alles zurückblickte, was er erreicht hatte, stieg sein Selbstvertrauen sofort. Dieses Selbstvertrauen ermöglichte es ihm, den Glauben an seine Siegeschance zu festigen und seine Konzentration und Motivation während des Goldmedaillenrennens zu steigern.

Er musste nur über seine GAINS nachdenken.

Das ebnete ihm den Weg aus der GAP.

Weil er sich auf seine GAINS konzentrierte, fühlte er sich großartig. Er spürte Selbstvertrauen. Er empfand Dankbarkeit. Er erreichte einen Gipfelzustand und konnte weit mehr Leistung abrufen als je zuvor.

Die eigenen GAINS zu berücksichtigen, um Selbstvertrauen zu steigern, lässt sich nicht nur auf Sport anwenden.

Kate Dewhirst ist eine erfahrene Anwältin in Toronto in Kanada, die sich auf rechtliche Aspekte des Gesundheitssystems spezialisiert hat. Sie widmet sich der schweren Aufgabe, Angestellten im Gesundheitssystem zu helfen, sich mit den stets ändernden rechtlichen Rahmenbedingungen vertraut zu machen und sich daran zu halten. Dieses wird häufig als übermäßig komplex wahrgenommen und als Ablenkung vom eigentlichen Ziel, den Klienten zu helfen.

## DIE WIRKLICHKEIT IN DER RÜCKSCHAU BEWERTEN

»Die Zukunft ist nicht Realität – sie ist eine Projektion. Und weil sie nicht real ist, kann sie keine Rolle spielen, wenn Sie Ihre Fortschritte messen wollen. Die einzige Art, Ihre Fortschritte zu messen, ist rückwärts an der Vergangenheit. Nutzen Sie die Realität dessen, wo Sie im Moment stehen, und bewerten Sie rückwärts mit Bezug auf die Realität von der aus Sie gestartet sind.«

Kate beginnt immer damit, ihnen zu helfen, die vergangenen GAINS zu sehen und zu realisieren, dass sie den gesetzlichen Rahmen in der Vergangenheit zu ihrem Nutzen erlernt und angewendet haben. Indem sie ihnen auf jegliche Weise hilft, zu sehen, dass sie das *»schon mal gemacht haben«*, wird dadurch ihr Selbstvertrauen und ihre Lernbereitschaft gestärkt.

Kate setzt dabei stets, wenn sie beim Versuch, beruflich oder persönlich ein höheres Niveau zu erreichen auf Widerstand stößt, ihre eigenen vergangenen GAINS nutzbringend ein, um das eigene Selbstvertrauen zu stärken.

Indem sie ihre eigenen GAINS sieht, kommt sie im Leben und in ihrer Karriere schneller voran.

Aber zurück zu Jansen.

Das vielleicht wichtigste Nebenprodukt des im-GAIN-Seins war, dass Jansen nicht mehr gewinnen »brauchte«. Sicher, er wollte siegen. Er hatte sich auf die Fahnen geschrieben, sein Bestes zu geben. Aber er »brauchte« die Goldmedaille nicht mehr, um Selbstwert oder Erfolg zu empfinden.

Die Goldmedaille zu gewinnen, hätte Dan Jansen nicht glücklich gemacht, wenn er das Gefühl gehabt hätte, er *brauche* sie, um glücklich zu sein oder sich erfolgreich zu fühlen.

Etwas zu brauchen, das außerhalb des eigenen Selbst liegt, ist eine Form der GAP.

Wenn Sie in der GAP sind, ist Ihr Glück an etwas gebunden, das außerhalb Ihrer selbst liegt, an ein bewegliches und unerreichbares Ziel.

***Wenn Sie in der GAP sind, besteht eine ungesunde Anhaftung Ihrerseits an etwas Externes.***

Sie haben das Gefühl, etwas außerhalb Ihrer selbst zu *brauchen*, um sich vollständig und glücklich zu fühlen.

Sie *brauchen* eine Million Dollar.

Sie *brauchen* die Zustimmung dieser Person.

Sie *brauchen* diese Position oder Beförderung.

Sie *brauchen* es, eine bestimmte Kleidergröße oder Körperform zu haben oder ein bestimmtes Aussehen.

Wenn Sie davon angetrieben sind, etwas zu brauchen, statt etwas zu wollen, besteht ein gewisser Drang und ein Verlangen, zu bekommen, was

Sie brauchen. Das Problem ist, etwas zu »brauchen« ist ein *nichtverarbeiteter interner Schmerz*, etwas, das Sie nicht extern lösen können.

Bill Wilson, der Mitgründer der Anonymen Alkoholiker sagte: »Jeder Fortschritt nimmt seinen Anfang, indem man die Wahrheit sagt.«

Aber wenn Sie in der GAP sind, vermeiden Sie es, in Ihr Innerstes zu blicken. Sie stellen sich nicht der Wahrheit, dass es Ihnen schlechtgeht. Stattdessen suchen und streben Sie nach äußerlichen Dingen, um die GAP in Ihrem Inneren zu füllen.

Indem er sich auf den GAIN in seinem Leben konzentrierte, war Jansen glücklich und erfolgreich, noch bevor er die Goldmedaille gewann. Er *brauchte* diese Medaille nicht, um glücklich zu werden. Er war es bereits.

Er war bereits erfolgreich.

Wenn er nicht gewonnen hätte, *wäre er immer noch glücklich und erfolgreich gewesen*. Das Rennen zu verlieren, hätte ihn nicht in einen Versager verwandelt.

Er hatte beschlossen, dass sein Leben mit GAINS angefüllt war.

Wie es der berühmte Unternehmer und Investor Naval Ravikant gesagt hat:

> »Sich selbst darauf zu trainieren, glücklich zu sein, ist ein völlig innerlicher Vorgang. Es gibt keinen externen Fortschritt, keine externe Bestätigung. Man steht im Wettstreit mit sich selbst – es ist ein Single-Player-Game.«[20]

Das Glück kann einem nicht von irgendwo außerhalb zufließen.

Glück ist ein Nebenprodukt, wenn Ihnen klar wird, dass *Sie* das Ziel sind.

Sie sind genug, und Sie haben genug.

Sie sind es wert, geliebt zu werden.

Ihre Ansichten und Urteile über Ihre eigenen Erfahrungen sind unendlich wichtiger als die Urteile eines anderen über Sie und Ihre Erfahrungen.

Sie sollten mittlerweile in der Lage sein, die GAP in einigen Bereichen Ihres Lebens identifizieren zu können. Wenn es Ihnen ergeht wie allen anderen, waren Sie sogar heute mindestens ein Dutzend Mal in der GAP.

## WENN MAN ETWAS WILL, HERRSCHT KEIN MANGEL

»In einer Welt, in der man etwas will, herrscht kein Mangel, denn es ist eine Welt der Innovation – nicht des Nehmens. Jemand, der etwas will, schafft Dinge, die vorher nicht existierten.«

Lassen Sie uns den Bezug zur Praxis herstellen. Im Verlauf dieses Buches wird es mehrere Übungen geben und Anregungen, etwas in Ihr Tagebuch zu schreiben, um Ihnen zu helfen aus der GAP und in den GAIN zu gelangen. Schnappen Sie sich fürs Erste einen Zettel und beantworten Sie die folgenden Fragen:

- Was glauben Sie zu »brauchen«, um glücklich zu sein?
- An wem oder was messen Sie sich?
- Zu welcher Zeit in Ihrem Leben haben Sie etwas oder jemanden »gebraucht« und damit eine ungesunde GAP in Ihrem Leben geschaffen?

## BESESSENE ODER HARMONISCHE LEIDENSCHAFT

»Der Unterschied zwischen den beiden Worten ›brauchen‹ und ›wollen‹ ist gigantisch. Wenn Sie jemanden brauchen, verlieren Sie Ihre Unabhängigkeit und Handlungsfähigkeit als menschliches Wesen. Etwas zu wollen ist andererseits der erste Schritt, um zu lernen, jemanden zu lieben. Der Unterschied zwischen brauchen und wollen ist der Unterschied zwischen Abhängigkeit und Liebe.«

– MICHAELA ROLLINGS, BELIEBTE BLOGGERIN[21]

In einem Interview von April 2021 mit *Sports Illustrated* sagte Trevor Lawrence, Quarterback an der Clemson University und Anwärter Nummer eins auf ein Engagement in der NFL, er »brauchte« Football nicht, um sich seines Werts als Mensch zu versichern, und »es gibt mehr im Leben als Football«.

Trevors Trainer auf der Cartersville Highschool, Joey King, sagte: »Es gibt keinen Zweifel: So wie er als Mensch ist, könnte er auch morgen damit aufhören, und es würde ihm gutgehen.«

Die Reaktion in der NFL und der Medienwelt war reine Hysterie. Jeder bedeutende Sportsender und sogar die Mainstreammedien berichteten über diese Story. Trevors Kommentare waren schockierend für jemanden mit seinen Leistungen. Trevor hatte 52 Siege und 2 Niederlagen als „five-star recruit“ und 34 Siege und 2 Niederlagen als einer der besten College-Quarterbacks aller Zeiten.

*»Ihm fehlt der Wettkampfgeist.«*

*»Das ist nicht die Einstellung von jemandem, der in der Liga erfolgreich sein kann.«*

*»Wenn Trevor Lawrence nicht zu 100 Prozent von Football besessen ist, wird er nicht auf diesem Level Siege einfahren.«*

*»Ich weiß nicht, wie gut man wirklich sein kann, wenn man nicht selbstbezogen ist und sich die ›Siegen um jeden Preis‹-Einstellung aneignet.«*[22]

Es gibt die allgemein verbreitete Meinung, dass man absolut besessen von dem sein muss, was man tut, wenn man der Beste darin sein will. Man BRAUCHT diese Leidenschaft mit jeder Faser. Im Grunde muss man eine ungesunde Einstellung zu etwas haben, wenn man wirklich gut sein will.

Trevor Lawrence sagte etwas, das der ganzen Sportwelt sauer aufstieß, denn seine Meinung zur Vorstellung er »brauche« Football und die in einem ungesunden Ausmaß regelrechte Besessenheit, um der Beste zu sein, war: »Nein, tue ich nicht.«

Die Story und die Berichterstattung in den Medien darüber gerieten so aus den Fugen, dass Trevor entschied, seinen Kommentar auf Twitter zu erläutern.[23] Er sagte:

> »Es scheint, dass Leute meine Einstellung falsch interpretieren. Ich verfüge über innere Motivation – ich liebe Football genauso sehr wie alle anderen oder sogar mehr. Er besitzt offensichtlich eine GEWALTIGE Priorität in meinem Leben. Ich fühle mich dazu getrieben, der Beste zu sein, der ich sein kann, und mein Potenzial voll auszuschöpfen. Und zu GEWINNEN ...
>
> Ich vertraue auf meine Arbeitsethik, ich liebes es, mich richtig reinzuhängen und verfolge meine Ziele. Sie können jeden fragen, der ein Teil meines Lebens war. Wo das aus dem Weg ist –

ich weiß, wer ich bin und woran ich glaube. Ich brauche Football nicht, um Selbstwert als Person zu empfinden. Ich liebe einfach das Spiel und alles, was damit zusammenhängt.«

Ein paar Tage nach dem Sturm in den Medien und Trevors Reaktion auf Twitter, trat er bei *ESPN's First Take* auf, um die Angelegenheit mit dem Reporter Stephen A. Smith weiter zu besprechen.[24]

> »Ich habe nicht das Gefühl, ich müsste etwas beweisen, denn so ticke ich einfach nicht. Ich bin von innen heraus motiviert ... ich habe Ziele, Ehrgeiz, den Traum, der Beste zu sein, der ich sein kann. Das ist einfach die Liebe zum Spiel.
>
> Das war die Botschaft: Ich liebe es einfach zu spielen. Ich bin nicht durch andere Menschen motiviert. Das ist einfach nur eine interne Motivation, und ich erhalte meinen Wert nicht durch Football ...
>
> Wenn ich den Football einmal nicht mehr habe, werde ich etwas anderes finden, das ich tun kann, und immer noch ein tolles Leben haben, das ich genieße. Aber mein Herz hängt am Football. Das liebe ich am meisten. Ich habe es schon geliebt, seit ich sechs Jahre alt war. Das war schon immer mein Traum. Und ich glaube ehrlich, dass niemand härter arbeitet als ich.
>
> ***Ich glaube, dass man beides haben kann.*** Die Leute wollen nur das Entweder – Oder. Aber für mich war es eine gesunde Einsicht, zu realisieren, dass es nicht das Einzige auf der Welt ist. Es gibt noch mehr, aber Football hat dennoch die höchste Priorität in meinem Leben ...
>
> ***Ich spiele das Spiel mit langfristiger Perspektive*** ... Ich setze alles auf eine Karte, wenn es darum geht, Höchstleistung zu bringen und meinen eigenen Erwartungen zu entsprechen, nicht denen, die andere Menschen an mich stellen.«

Trevor Lawrence zeigte tiefe Einsichten, wie man glücklich sein UND Höchstleistungen erbringen kann.

In Wahrheit verhält es sich folgendermaßen: Nicht nur ist Trevor Lawrence als Individuum gesund und glücklich, sondern die Forschung zeigt auch, dass das die optimale Einstellung ist, um sein Potenzial als High Performer zu maximieren.[25,26]

Die Tatsache, dass seine Kommentare von den Medien und der Sportwelt so missverstanden wurden, ist ein klarer Beleg, dass *die meisten Menschen* – sogar sehr erfolgreiche Menschen – nicht verstehen, wie Glück UND Hochleistung funktionieren.

Die meisten High Performer oder »erfolgreichen« Menschen haben nie einen Kurs über Glück besucht. Und es gibt ein vorherrschendes Narrativ, dass »Glück« und »Balance« kein Teil der Gleichung sein können, wenn man Bestleistungen bringen will.

Aber diese Volksweisheit ist falsch. Sich selbst in die GAP zu manövrieren, ist nicht die beste Methode, um persönliche Höchstleistungen zu erzielen.

Etwas auf ungesunde Weise zu »brauchen« oder davon »besessen« zu sein, ist nicht der Weg zu persönlichen Höchstleistungen.

Trevor Lawrence traf den Nagel auf den Kopf mit seiner Perspektive – und er wurde als Folge davon völlig missverstanden und gegeißelt.

Denken Sie über Trevors Worte nach: »Ich glaube, dass man beides haben kann.« Was er mit »beides« meinte, ist:

1. sich intensiv dem Erfolg zu verschreiben und
2. auf gesunde Weise die Distanz zu dem zu wahren, was man tut.

Wie er sagte, er liebt Football. Er arbeitet hart. Er setzt alles daran, zu gewinnen. *Aber er braucht den Football nicht.*

Das ist der Punkt – man kann beides haben: Man kann sich etwas hundertprozentig verschreiben und es gleichzeitig nicht brauchen.

Wenn man in der GAP ist, »braucht« man etwas, das außerhalb des eigenen Selbst liegt. Man hat eine externe Motivation. Man reagiert auf etwas von außerhalb.

Im GAIN »braucht« man nichts außerhalb seiner selbst. Man ist intern motiviert. Man nutzt das, was außerhalb von einem selbst passiert, um sich zu transformieren und zu verbessern.

## ETWAS ZU WOLLEN IST EINE FERTIGKEIT

»Diese Transformation, weg davon etwas zu brauchen, hin dazu etwas zu wollen, ist eine Fertigkeit. Je häufiger man es tut, desto besser wird man darin. Ja, es ist zuerst ein Risiko, denn die vorherige Tendenz, etwas zu rechtfertigen, ist gut ausgebildet und eine feste Angewohnheit.«

In der GAP sein ist auf ungesunde Weise davon getrieben, etwas zu »brauchen«.

Im GAIN zu sein ist auf gesunde und bewusste Weise dadurch motiviert, etwas zu »wollen«.

Psychologen haben Bedürfnisse und Wünsche in zwei Haupttypen von Leidenschaften getrennt: *obsessive und harmonische.*[27]

***Obsessive Leidenschaft*** ist sehr impulsiv und wird von unterdrückten Emotionen und ungelösten internen Konflikten befeuert. Man ist von etwas besessen bis hin zu einer ungesunden Verzweiflung. Man glaubt, dass man es *braucht* und ohne es nicht glücklich sein kann.

Obsessive Leidenschaft wird häufig mit Sucht in Verbindung gebracht. Außerdem verliert man andere Bereiche des eigenen Lebens aus den Augen, wenn man obsessiv leidenschaftlich für etwas empfindet. Die Obsession überlagert alles, und man sabotiert andere Bereiche des eigenen Lebens, indem man kurzsichtige Entscheidungen fällt, um das zu bekommen, wovon man besessen ist.

In dem Moment, in dem man obsessiv wegen etwas wird oder sein Herz daran hängt, befindet man sich in der GAP.

Das kann im Großen oder Kleinen geschehen.

Wenn man bei einer Auseinandersetzung unbedingt recht haben muss, befindet man sich in der GAP.

Wenn etwas nicht so läuft, wie man es geplant hat und man sich deswegen aufregt, ist man in der GAP.

Man misst seine eigene Erfahrung oder Situation daran, wie man sie sich idealerweise vorgestellt hat oder wie sie sein »sollte«, statt aus der Erfahrung zu lernen und dennoch glücklich zu sein.

Forschungen zeigen, dass obsessive Leidenschaft einen daran hindert, achtsam zu sein.[28,29]

Man hat Probleme ganz im Hier und Jetzt zu sein, weil man sich so auf die eigene Obsession konzentriert. Sie verzehrt einen völlig, aber erfüllt einen gleichzeitig mit nagender Reue und internen Konflikten.

Daher hält einen obsessive Leidenschaft tatsächlich davon ab, den Flow-Zustand zu erreichen – oder sich ganz dem hinzugeben, was man tut.[30] Stattdessen verliert man bei einer obsessiven Leidenschaft die Verbindung zu sich selbst und zu den Menschen um einen herum.

## ETWAS ZU WOLLEN IST EMPOWERMENT

»Wenn man in Bezug auf die eigene Zukunft den Ansatz des Wollens verfolgt, bedeutet das auch, dass man die Welt des Brauchens hinter sich lässt. Es bedeutet, dass niemand anders für den eigenen künftigen Fortschritt und Erfolg verantwortlich ist.«

Darüber hinaus gibt es einen Zusammenhang zwischen obsessiver Leidenschaft und niedrigem Selbstwertgefühl.[31] Wenn man das Gefühl hat, man »brauche« etwas, um sich als Person vollständig oder glücklich zu fühlen, glaubt man offensichtlich, dass man selbst nicht genug ist in diesem Moment und an diesem Ort. Man ist in der GAP, soweit es einen selbst betrifft, und man versucht auf obsessive und ungesunde Weise die GAP zu füllen.

Trevor Lawrence versucht nicht eine GAP zu füllen, indem er erfolgreich und berühmt als Footballspieler ist. Wie er sagte, verfügt er bereits über Selbstwert und Glück, auch ohne Football. Er lebt im GAIN.

***Harmonische Leidenschaft*** hingegen ist intrinsisch motiviert und gesund. Wenn man harmonisch leidenschaftlich ist, kontrolliert man seine Passion und wird nicht von ihr kontrolliert. Man ist intuitiv und denkt darüber nach was man tut, man reagiert nicht nur und ist irrational. Man ist zweckgerichtet und zielorientiert, nicht »bedürfnisgetrieben«.

Man weiß, dass eine Leidenschaft harmonisch ist, *wenn sie andere Schlüsselaspekte des Lebens verbessert* und man dadurch ein besserer Mensch wird. Harmonische Leidenschaft steht in Beziehung zum Flow-Zustand.[32] Im Flow zu sein, entstammt einer intrinsischen Motivation – einem Kernaspekt der harmonischen Leidenschaft –, wenn man nur um der Leidenschaft willen Leistung bringt, nicht als Mittel zum Zweck.[33,34,35]

Trevor Lawrence liebt Football um seiner selbst willen. Wie er immer wieder betonte, ist er intrinsisch und nicht durch externe Faktoren motiviert Football zu spielen. Er versucht nicht, irgendjemandem etwas zu beweisen.

Wenn er Football spielen würde, um anderen etwas zu beweisen, um sich selbst gut zu fühlen oder sogar um glücklich zu sein – dann wäre er in der GAP. Er hätte ein ungesundes Bedürfnis.

Stattdessen hat Trevor Lawrence eine gesunde und harmonische Leidenschaft für Football, die intrinsisch motiviert ist. Er liebt das Spiel. Er hat seine eigenen Ansprüche und Erwartungen an sich selbst, die vermutlich *viel höher* sind als die von vielen anderen in der Liga.

Er entscheidet, wie er seinen Erfolg misst.

Er entscheidet, wie weit er gehen kann.

Er kontrolliert seine Leidenschaft.

Das führt zu einer sehr nuancierten und wichtigen Unterscheidung: Man kann etwas tun und hundertprozentig dahinterstehen, *ohne es zu brauchen*.

Das ist die kontraintuitive Realität: Indem man das nicht mehr *braucht*, was man will, ist man sehr viel besser in der Lage es zu bekommen.

Man kann unbeschwert Leistung bringen und im Flow sein, statt sich darüber obsessiv Gedanken zu machen, wie das Endergebnis aussieht.

Als Dan Jansen die Goldmedaille nicht mehr *brauchte* und all seine GAINS zu schätzen wusste, dann und nur dann war er in der Lage, auf einem höheren Niveau zu skaten und zu performen als jemals zuvor.

## SPIELEN SIE AUF LANGE SICHT

In der Psychologie wird *Durchhaltevermögen* als Leidenschaft und Beharrlichkeit im Streben nach langfristigen Zielen bezeichnet.[36] Harmonische Leidenschaft geht damit einher, großes Durchhaltevermögen zu besitzen, wohingegen das bei obsessiver Leidenschaft nicht der Fall ist.[37]

Wenn man obsessiv leidenschaftlich ist, denkt man kurzfristig. Man versucht zu erzwingen, dass die Dinge so laufen wie gewünscht. Aber das, wonach man strebt, will man eigentlich gar nicht. Man glaubt nur, dass man es braucht, weil man sich innerlich nicht davon lösen kann. Ob man das bekommt, was man will oder nicht – früher oder später wird man dieses ungesunde Bedürfnis auf etwas anderes verlagern und die hedonistische Tretmühle dreht sich weiter.

Ähnlich wie bei harmonischen Leidenschaften steht die intrinsische Motivation ebenfalls in Zusammenhang mit hohem Durchhaltevermögen, die Motivation von außerhalb hingegen nicht.[38]

Wenn man etwas tut, das man wirklich liebt, und man tut es *für sich selbst*, dann ist man intrinsisch motiviert und hat eine gesunde Leidenschaft.

Man muss nichts »erzwingen« oder sich »beweisen«.

Man spielt das Spiel langfristig.

Man spielt *das Spiel nach seinen eigenen Regeln*.

Man steht nicht im Wettbewerb mit anderen.

Man misst sich nicht an den Standards anderer.

Etwas, das Dan Sullivan auffiel, während er seit 1974 – *über 47 Jahre lang!* – zig Tausende Unternehmer coachte, ist, dass die meisten von ihnen mental »hier« sind, aber »dort« sein wollen.

Es ist wirklich egal, wo sie jetzt sind und wie großartig ihr Leben ist, sie wünschen sich andauernd »dort« zu sein.

Viele High Achiever tun sich schwer damit, »hier« zu sein. Und auch, wenn es toll ist, Ziele und Visionen zu haben und getrieben zu sein, ist man in der GAP, wenn man nicht »hier« ist, sondern sich wünscht, man wäre »dort«.

Das Spiel auf lange Sicht zu spielen, ermöglicht es Ihnen, mehr »hier« zu sein und es zu schätzen zu wissen. Ja, Sie haben Ziele und Visionen, aber Sie sind absolut glücklich, wo Sie jetzt stehen.

Sie sind *hier*, und Sie lieben es, hier zu sein.

Sie lieben Ihr Leben.

Sie sind überwältigt von Ihren GAINS.

Sie wissen alles und jeden um sich herum zu schätzen.

Sie sind aufrichtig glücklich.

Sie lieben außerdem, woran Sie arbeiten und was Sie aufbauen. Sie sind engagiert und fokussiert, aber Sie versuchen nicht, zum nächsten Ort zu hetzen, um ein unerfülltes Bedürfnis zu befriedigen. Sie tun, was Sie lieben. Sie sind zuversichtlich über die Richtung, die Ihr Leben nimmt.

»Hier« zu sein bedeutet nicht, dass Sie keine Ziele oder Sehnsüchte haben.

Ganz im Gegenteil.

Indem Sie sich von Dingen befreien, die Sie unnötigerweise »brauchen«, sind Sie endlich in der Lage, den Fortschritt zu erzielen und das Leben zu leben, das *Sie* wollen.

Sie wissen, dass Sie bereits ohne diese Ziele ein vollwertiges und vollständiges Leben führen.

Sie sind frei, das zu erlangen, was sie wollen, und weil das so ist, ist es tatsächlich viel einfacher, das zu bekommen, was Sie wollen.

Wie es die amerikanische Schriftstellerin Florence Shinn formuliert hat: »Der Glaube weiß, dass er bereits alles erhalten hat, und handelt entsprechend.«[39]

Sie sind bereits »dort«, denn Sie sind völlig mit sich im Reinen und wollen »hier« sein.

Diese Einsicht in das »hier sein und dorthin wollen« war für meine Frau Lauren und mich besonders lebensverändernd. Da ich sehr motiviert und zielorientiert bin, finde ich mich oft »hier« vor und wünschte, ich wäre »dort«. Ich tat mir schwer damit, meinen Fortschritt wirklich schätzen zu lernen und in meinem Leben und für meine Familie präsent zu sein.

Aber, nachdem ich durch Dan von *GAP und GAIN* erfuhr, wurde mir klar, dass ich sehr häufig in der GAP war.

Ich handelte, weil ich etwas brauchte, nicht, weil ich es wollte.

Es kam mir so vor, als müsste ich »das nächste Level« erreichen, um glücklich und erfolgreich zu sein.

Diese Besessenheit und externe Motivation hatten dazu geführt, dass ich sehr erfolgreich war, aber ich war nicht glücklich. Ich verfolgte nicht die Ziele und Prioritäten, die mir am meisten entsprachen. Immer noch versuchte ich mich zu beweisen. Außerdem hatte ich den Bezug zu mir selbst verloren und zu denjenigen, die mir am wichtigsten waren.

Eines Abends unterhielten Lauren und ich uns darüber, dass ich »hier« war, aber »dort« sein wollte. Wir leben in Orlando in Florida und haben sechs Kinder. Unsere älteren drei sind 13, 11 und 9. In meiner Vorstellung würden wir die nächsten zwei bis drei Jahre in Orlando wohnen, bis ich eine bestimmte Stufe auf der Karriereleiter erreicht hatte, und dann würden wir woanders hinziehen. Als wir hierhergezogen waren, hatte ich es mir nur als temporär vorgestellt.

Nachdem ich über die Idee des »hier sein, aber dort sein wollen« nachdachte, fragte ich Lauren, was sie für das Beste für unsere Familie hielt. Sie fand, es wäre am besten, wir würden in Orlando bleiben, bis unser neunjähriger Sohn 18 war und mit der Highschool fertig.

Als ich darüber nachdachte, fühlte sich das wie eine Ewigkeit an. *Kann ich wirklich in diesem Haus bleiben und weitere neun Jahre das tun, was ich gerade tue – bis 2030?*, dachte ich bei mir.

Ich gestattete mir, nicht mehr »dort« sein zu müssen.

*Was, wenn ich die nächsten neun Jahre ganz hier wäre?*, dachte ich.

## ETWAS ZU WOLLEN SCHAFFT ÜBERFLUSS

»In der Welt des Wollens gibt es einen Reichtum an Ressourcen, der ein Ergebnis der Kreativität und Innovation ist, die dem Wollen entstammt.«

Wow. Ich hatte mich nie so *frei* gefühlt. Dies ist der Ort, an dem ich sein *will.* Ich kann ganz hier sein und das tun, was ich tue, und sehen, wie weit ich das Hiersein ausdehnen kann. Ich muss nicht mehr versuchen, »dort« zu sein.

Ich bin hier.

Ich liebe es, wo ich bin.

Ich bin im GAIN.

Ich weiß, ich kann weitere GAINS schaffen.

Wenn man in der GAP ist, will man verzweifelt »dort« sein, denn man *versucht dem »Hier« zu entfliehen.* Man springt von einem zum anderen, statt endlich anzupacken und voranzukommen.

Wenn man in der GAP ist, denkt man nicht langfristig. Man versucht impulsiv etwas zu erlangen, das man »braucht«.

Wenn man hingegen im GAIN ist, muss man nicht länger »dort« sein. Das bedeutet nicht, dass man keine großen Ziele mehr hat. Es bedeutet einfach nur, dass man ganz »hier« ist. Sie sind, wo Sie sein wollen. Sie spielen das Spiel auf lange Sicht, was bedeutet, Sie LIEBEN den Ort, an dem Sie jetzt sind, und Sie lieben die Richtung, die Sie eingeschlagen haben.

Sie sind hier. Sie müssen nicht mehr »dort« hinkommen.

Sie sind hier. *Seien Sie es auch wirklich.*

Indem Sie das Spiel langfristig spielen, bestimmen Sie Ihren eigenen Kurs. Sie machen sich keine Sorgen mehr darüber, was andere Menschen von Ihnen halten. Sie streben nicht mehr nach der Bestätigung anderer Menschen dafür, wie Sie Ihr Leben führen. Sie versuchen nicht mehr die Erfolgsstandards anderer Menschen zu erfüllen.

Stattdessen entscheiden Sie selbst, was Erfolg für Sie bedeutet, und Sie wählen das Leben aus, das Sie leben wollen. Ihnen wird klar, dass Sie dieses Leben in diesem Moment leben.

Sie haben die Freiheit, das Leben nach ihren Maßstäben zu leben.

Der GAIN schafft Freiheit.

Die GAP macht Sie zum Sklaven ungesunder Bedürfnisse.

Die GAP macht Sie zum Sklaven des »Dort« und macht das »Hier« zu einem Gefängnis, aus dem Sie zu fliehen versuchen.

Okay, es ist an der Zeit für eine weitere kleine Übung. Holen Sie Ihr Tagebuch und beantworten Sie die folgenden Fragen:

- Gibt es Bereiche in Ihrem Leben, in denen Sie eine obsessive Leidenschaft an den Tag legen? Wenn ja, welches unbefriedigte innere Bedürfnis versuchen Sie zu befriedigen?
- Was lieben Sie an Ihrem Leben und Ihrer Arbeit?
- *Was ist Ihr langfristiges Spiel?* Wenn Sie ein Spiel auf lange Sicht spielen, tun Sie das, was Sie lieben. Sie tun nicht etwas, nur um woanders hinzukommen.
- Lassen Sie sich bei Ihrer Planung genug Zeit, um wirklich langsam zu machen und es zu genießen hier zu sein, oder versuchen Sie schnell »dort« hinzukommen?
- Sehen Sie sich Ihr jetziges Leben an – welche GAINS fallen Ihnen ein?
- Wie könnten sich Ihre Prioritäten verschieben, wenn Sie das Spiel auf lange Sicht spielen würden?

## FREIHEIT »VON« VERSUS FREIHEIT »ZU«

»Freiheit ist jetzt oder nie.«

– Jiddu Krishnamurti

Im Klassiker *Escape from Freedom* (dt.: *Die Furcht vor der Freiheit*)[40] definiert Erich Fromm zwei Arten von Freiheiten:

1. *Freiheit von* (die extern ist)
2. *Freiheit zu* (die intern ist)

*Von* etwas *frei* zu sein bedeutet, niemandes Sklave zu sein, in einem freien Land zu leben, keinen Zwang oder irgendeine Kraft, die einem entgegensteht, zu verspüren. Es bedeutet, keine Einschränkungen von außen zu haben – wie Hunger, die Elemente, ungerechte Gesetze –, wenn es um die individuellen Entscheidungen und Verhaltensweisen geht.[41]

*Frei zu* etwas zu sein bedeutet, selbst wählen zu können. Sie haben Wahlmöglichkeiten. Sie haben eine Reihe an Optionen, aus denen Sie auswählen können. Außerdem haben Sie den Mut zu wählen.[42]

Sie kontrollieren und steuern Ihr eigenes Leben, so wie Sie wollen.

Sie nehmen Ihr Leben in Besitz.

Sie richten sich nicht nach jemandem oder etwas außerhalb Ihrer selbst.

Sie nutzen Ihren freien Willen und Ihre Wahlmöglichkeiten.

Sie handeln basierend auf dem, was sie wollen, nicht auf dem, was sie brauchen. So ist zum Beispiel die *Freiheit von* äußerlich – Sie sind frei von Hunger. Die *Freiheit zu* ist innerlich – Sie sind frei zu wählen, was Sie essen werden.

*Freiheit von* ist ein Fehlen von Hindernissen – ***Sie sind kein Sklave*** von jemandem oder etwas.

*Freiheit zu* ist das Vorhandensein von Kontrolle – ***Sie sind Ihr eigener Herr***.

*Freiheit von* ist *objektiv und äußerlich* – Sie besitzen objektive Freiheit, wenn Sie in einem freien Land leben. Ein Elefant, der zum Beispiel in der Wildnis lebt, hat mehr externe Freiheiten als ein Elefant, der in einem Zoo lebt.

*Freiheit zu* ist *subjektiv und innerlich* – Sie verfügen über subjektive Freiheit, wenn Sie sich *frei fühlen.*

Verglichen mit anderen Ländern der Welt hat Amerika seinen Bürgern eine Menge Freiheiten eingeräumt – auch wenn es offensichtlich nicht perfekt ist.

Aber trotz eines großen Ausmaßes an *Freiheit von* Beschränkungen kann es schwer sein, mutig die *Freiheit* zu ergreifen, *zu* sein, wer immer man tatsächlich sein will.[43] Es gibt eine Menge Erwartungen und Ideale, die in Amerika an einen gestellt werden und die die intrinsische Motivation beeinträchtigen können.

Diese bauen aufeinander auf. *Freiheit von* bedeutet, man hat die äußeren Hindernisse beseitigt. *Freiheit zu* fragt: »Okay, was machen wir jetzt?«

Wenn man eine Umgebung der Freiheit schaffen will, besteht das Ziel darin, als Individuum tatsächlich das Leben aufgrund eigener Entscheidungen zu leben und nicht, weil man zu etwas gedrängt wird.

Traurigerweise sind nur wenige Menschen bereit, diesen letzten Sprung auf die höhere Ebene der Freiheit zu wagen.

Die Bedürfnishierarchie des Psychologen Abraham Maslow ist eine weitere Darstellung der Freiheit.[44] Die niedrigeren Ebenen von Maslows Hierarchie basieren auf einer *Freiheit von* – wie die Freiheit von Hunger, von Gefahren; davon, den Elementen ausgesetzt zu sein, von sozialer Isolation und selbst von einem Mangel an Selbstwertgefühl.

*Selbstaktualisierung*, die höchste Ebene in Maslows Hierarchie, ist eine andere Art zu sagen, dass man die *Freiheit* hat *zu* sein, was immer man sein will.

Man ist völlig *frei*, was laut Maslow das höchste und edelste Ziel und Verlangen aller Menschen ist.

Man hat sich von inneren und äußeren Beschränkungen gelöst, die einen daran gehindert hätten über Autonomie und Wahlfreiheit zu verfügen. Die Frage, die Sie sich nun stellen müssen, lautet:

*Was werden Sie wählen?*

Was wollen Sie?

Wenn Sie in der GAP sind, handeln Sie nicht auf Grundlage von Freiheit und Wahlmöglichkeiten. Stattdessen handeln Sie von einer Position des Mangels oder der Bedürfnisse aus.

Um es noch einmal anders auszudrücken – in der GAP zu sein bedeutet, dass man immer noch versucht, sich VON etwas freizumachen. Man versucht eine GAP zu füllen.

Der GAIN gibt einem Freiheit.

Sie müssen sich entscheiden *von* der GAP *befreit* zu werden. Das ist der erste Schritt zu dem wir Sie in diesem Buch einladen.

Befreien Sie sich VON der GAP.

Befreien Sie sich von Mangel oder davon, etwas zu brauchen.

Sie können nie über Autonomie und Handlungsfähigkeit verfügen, wenn Sie sich nicht von der GAP freimachen.

Sie werden sich nie erfolgreich fühlen, bevor Sie aus diesem schwarzen Loch herauskommen.

## IDEALE SIND NICHTS, WORAN MAN SICH MISST

»Ein Ideal kann nicht gemessen werden. Es existiert aus emotionaler, psychologischer und intellektueller Motivation, aber es ist nicht da, um etwas daran zu messen.«

Sobald Sie aus der GAP herauskommen, befinden Sie sich im Stadium der »Freiheit zu«, in dem Sie tatsächlich sein können, wer immer Sie sein wollen.

Sie sind im GAIN.

## WICHTIGES IN DIESEM KAPITEL

- Die GAP basiert auf einem ungesunden »Bedürfnis« oder einem Anhaften an etwas, das außerhalb von uns selbst liegt.
- Die GAP bedeutet, dass Sie sich immer noch VON etwas zu befreien versuchen, und bis Sie das tun, werden Sie nicht glücklich sein.
- Wenn Sie in der GAP sind, vermeiden Sie das »Hier«, während Sie versuchen »dort« hinzugelangen – aber Sie kommen nie wirklich »dort« an.
- Der GAIN basiert darauf, eine Harmonie zu dem zu schaffen, was man will, und zu wissen, dass man es nicht braucht.
- Wenn man im GAIN ist, lebt man sein Leben basierend auf intrinsischer Motivation und harmonischer Leidenschaft, die Flow schafft und zu Höchstleistungen befähigt.
- Wenn Sie im GAIN sind, sind Sie in diesem Moment völlig frei und glücklich. Das ermöglicht es Ihnen, 100 Prozent zu geben und das anzustreben, was Sie wollen, ohne ungesunde Bindungen.

# KAPITEL 2
# LEBEN SIE SELBSTBESTIMMT

## Definieren Sie Ihre eigenen Erfolgskriterien

»Definieren Sie Erfolg mit Ihren eigenen Begriffen, erreichen Sie ihn gemäß Ihrer eigenen Regeln und bauen Sie ein Leben auf, auf das Sie stolz sein können.«
– ANNE SWEENEY, AMERIKANISCHE GESCHÄFTSFRAU UND EHEMALIGE CO-VORSITZENDE VON DISNEY MEDIA

Eine Freundin von Lauren und mir ist im Abschlussjahr auf der Highschool und bereitet sich auf ihren Abschluss vor. Sie besucht fünf AP-Kurse (Advanded Placement) und reicht ihre Kunstwerke bei prestigeträchtigen Kunstwettbewerben ein. Jede Nacht schläft sie schlecht, weil sie sich Gedanken darüber macht, ob sie von einer guten Universität »angenommen« wird.

Sie wartet darauf, »ausgewählt« zu werden.

Ihr »Maßstab für Erfolg« und ihr »Wert« als Person liegt in den Händen von Menschen, die sie nicht kennt.

Sie hat auf ungesunde Weise die Aufnahme an einem tollen College zu etwas gemacht, das sie »braucht«, und nicht zu etwas, das sie »will«. Wenn sie nicht an einer Schule angenommen wird, die sie für »gut genug« hält, wird sie sich selbst als Versagerin sehen.

Mit anderen Worten: ***Sie ist in der GAP***.

Mit 17 Jahren ist sie schon an die hedonistische Tretmühle gekettet.

Kann sie dieses ungesunde Streben nach etwas umkehren?

Bringt das öffentliche Bildungssystem und dessen »Maßstäbe« tatsächlich erfolgreiche oder nur angepasste Menschen hervor?

Seth Godin und viele andere haben geschildert, dass das öffentliche Bildungssystem 1918 tatsächlich deshalb ins Leben gerufen wurde, um Kinder aus den Fabriken zu holen.[45,46] Damals mussten Kinder zum Teil schon ab sieben Jahren harte Fabrikarbeit verrichten. Das Bildungssystem wurde mit dem Ziel gestaltet, die Kinder künftig zu »besseren«, produktiveren und gehorsameren Arbeitern zu machen.

Das Bildungssystem zielte definitiv NICHT darauf ab, diese Kinder zu Führungspersonen oder kreativen Denkern zu formen, sondern zu Menschen, die taten, was man ihnen sagte, die nach der »richtigen Antwort« suchten und nicht selbst dachten.

Wie es Seth Godin erklärt:

> »Unser aktuelles Bildungssystem, das Kinder lehrt in geraden Reihen zu sitzen und Anweisungen zu befolgen, entstand nicht zufällig – es war ein Investment in unsere wirtschaftliche Zukunft. Der Plan: die kurzfristigen Löhne für Kinder gegen langfristige Produktivität eintauschen, indem man den Kindern beibringt, effektiver das zu tun, was man ihnen sagt.«

Unser öffentliches Bildungssystem kann offensichtlich schon dadurch, WIE der Erfolg gemessen wird, die Kreativität und Autonomie verringern.[47]

Ein »Referenzpunkt« ist ein Standard, um etwas zu bewerten und zu vergleichen. In der Schule wird jedes Kind anhand von Referenzpunkten des landesweiten Durchschnitts von Testergebnissen gemessen. Mit anderen Worten, jedes Kind wird an anderen Kindern gemessen und erhält einen »Prozentwert«, der angibt, wie weit seine Leistung der Leistung anderer Kinder entspricht.

Auf jedem Gebiet oder in jeder Situation wird der »Erfolg« immer an einem bestimmten Referenzpunkt gemessen.

Auf Referenzpunkte fixiert zu sein, die außerhalb von Ihnen selbst liegen, bringt Sie in die GAP. Sich an eigenen internen Referenzpunkten zu orientieren, stärkt die eigene Position im GAIN.

## FORTSCHRITT MUSS KONKRET SEIN

»Der Eindruck, dass wir bei der Erreichung unserer Ziele Fortschritte machen, macht uns glücklich. Aber um wirklich das Gefühl von Fortschritt zu empfinden, müssen wir ihn an konkreten Fakten messen. Wenn wir Ziele setzen, müssen wir spezifisch sein, damit wir wissen, wann wir sie tatsächlich erreicht haben – normalerweise wurde eine bestimmte Zahl erreicht oder ein bestimmtes Ereignis trat ein.«

Kinder werden darauf gedrillt, sich selbst an *externen* Referenzpunkten zu messen. Diese Referenzpunkte werden im Allgemeinen nicht vom Kind selbst gewählt, sondern von der Gesellschaft und dem Bildungssystem.

Während diese Kinder aufwachsen, bringt man ihnen nicht bei, wie sie ihre eigenen Referenzpunkte festlegen oder »Erfolg messen« können. Stattdessen übernehmen sie die Referenzpunkte, welche die Gesellschaft für den »Erfolg« hernimmt – Geld, Ruhm, Likes in den sozialen Medien, et cetera.

Aufgrund dessen, dass all diese Referenzpunkte extern sind – und zunehmend auf unerreichbaren Idealen basieren –, verwandelt sich das Leben der Menschen zu dem verzweifelten und erfolglosen Wettrennen, externen und sich ändernden Idealen »gerecht zu werden«. Daher existiert die hedonistische Tretmühle, auf der so viele ihr Leben verbringen, die versuchen, den Erwartungen gerecht zu werden und »glücklich zu sein«.

Jeder von uns hat einen Referenzpunkt, an dem wir uns selbst messen. Nehmen Sie Ihr Tagebuch zur Hand und beantworten Sie diese Fragen:

- An welchen Referenzpunkten messen Sie sich?
- Wieso haben Sie diese bestimmten Referenzpunkte gewählt?
- Wie definieren und messen Sie Erfolg für sich selbst?

## WERDEN SIE SELBSTBESTIMMT

»Um frei zu sein, müssen Sie selbstbestimmt sein, was bedeutet, dass man in der Lage sein muss, das eigene Schicksal gemäß den eigenen Interessen zu bestimmen.«

– STANFORD ENCYCLOPEDIA OF PHILOSOPHY[48]

Gemäß der *Selbstbestimmungstheorie* ist ein entscheidender Aspekt von Motivation und Erfolg die Autonomie.[49] Je unabhängiger man ist und je mehr man sich selbst, die Umstände und das eigene Leben kontrolliert, desto selbstbestimmter wird man sein.

Selbstbestimmt zu sein bedeutet, dass *man sich selbst zum Referenzpunkt gemacht hat*, statt sich an etwas Externem zu messen.

Selbstbestimmt zu sein bedeutet, dass man intrinsisch und nicht extern motiviert ist. Das bedeutet nicht, dass man nicht externe Maßstäbe anwenden kann – aber man wählt diese Ziele selbst aus.

Selbstbestimmt zu sein bedeutet, dass man entschieden hat, was Erfolg für einen selbst bedeutet, und man nicht die Erlaubnis von jemand anderem braucht, um etwas für sich selbst zu wollen. Man muss sich nicht für das entschuldigen, was man will.

Es bedeutet, dass man sich klar darüber ist, WIESO man will, was man will.

Es bedeutet, dass man nicht mehr mit anderen im Wettstreit steht.

Im GAIN sein, führt zu Selbstbestimmung.

Selbstbestimmt zu werden ist in der heutigen Welt *sehr schwierig.* Es herrschen endloser Lärm und Ablenkung, was es nahezu unmöglich macht, sich selbst zum eigenen Referenzpunkt zu erheben und einen internen Kompass zu besitzen.

Neben der Konditionierung durch externe Vergleiche und dem Wettbewerb, der im öffentlichen Bildungssystem herrscht, haben wir heute auch noch die Technologie, die buchstäblich dafür entworfen wurde uns süchtig zu machen und zu kontrollieren.[50]

Die sozialen Medien sind größtenteils so gestaltet, dass sie Menschen in die GAP befördern.

Sie sind darauf ausgerichtet, ungesunde Bedürfnisse zu wecken, um akzeptiert und »gelikt« zu werden. Die Forschung konnte sogar zeigen, dass die sozialen Medien und FoMO (das heißt, die »fear of missing out«, also die »Angst, etwas zu verpassen«) Hand in Hand gehen.[51] FoMO wird charakterisiert als das Verlangen, andauernd mit dem verbunden zu sein, was andere tun. Die Menschen sind darauf gedrillt, stets das »Bedürfnis« zu verspüren, wissen zu müssen, wie es anderen geht und was sie tun, sowie andere wissen zu lassen, was sie selbst tun.

Das ist eine sehr destruktive Form des Lebens in der GAP.

Aber es gibt etwas, das vielleicht noch verstörender ist als alles andere an den sozialen Medien und inwiefern sie Menschen in die GAP stoßen.

## WIE MAN GAINS MISST

»Sie können Ihre GAINS nicht wirklich messen, wenn sie nicht auf Zahlen basieren, die sie erreichen, oder auf Ereignissen, die etwas bewirkt haben. Die Messung muss quantifizierbar und verifizierbar sein.«

Wenn man in der GAP ist, misst man sich selbst an externen Idealen oder Referenzpunkten. In den meisten Fällen wählen Sie diese Ideale nicht bewusst aus. Die sozialen Medien sind geschickt so gestaltet, die Identität, das Verlangen und das Verhalten von Menschen *unbewusst zu manipulieren.*

Noch direkter ausgedrückt: Die sozialen Medien sind so gestaltet, dass sie Menschen davon abhalten, selbstbestimmt zu werden.

Eine Aussage aus der Netflix-Dokumentation *The Social Dilemma*, um die sozialen Medien zu beschreiben, lautete: »Wenn du nicht für das Produkt bezahlst, dann bist du das Produkt.«[52]

Jaron Lainer, ein Computerwissenschaftler und Pionier der Virtual Reality, erläuterte diese Idee in *The Social Dilemma* und sagte:

> »Das ist ein bisschen zu sehr vereinfacht. ***Das Produkt ist die graduelle, langsame, nicht wahrnehmbare Veränderung des eigenen Verhaltens und der eigenen Wahrnehmung.*** Das ist das Produkt. Das ist das einzig mögliche Produkt. Es gibt nichts anderes, das man als Produkt bezeichnen könnte. Das ist das Einzige, mit dem sie Geld machen können. Zu verändern, was Sie denken, wie Sie denken, wer Sie sind. Es ist eine graduelle Veränderung. Sie geschieht langsam ...
>
> Wir haben eine Welt geschaffen, in der die Onlineverbindung vorherrschend ist. Besonders für die jüngere Generation. Und jedes Mal, wenn sich in dieser Welt zwei Menschen verbinden, wird es einzig und allein dadurch finanziert, dass es eine verborgene dritte Person gibt, die dafür bezahlt, diese beiden Menschen zu manipulieren.«

Milliarden von Dollar werden jeden Tag ausgegeben, um Ihre Gedanken, Wünsche und Verhaltensweisen zu verändern. Die Referenzpunkte für Ihren eigenen Erfolg werden *für Sie* geschaffen, nicht durch Sie. Wenn Sie nicht für das Produkt bezahlen, ist Ihre Verhaltensänderung das Produkt.

Der amerikanische Motivationsredner Zig Ziglar hat es gut ausgedrückt: »Ihr Input bestimmt Ihre Perspektive. Ihre Perspektive bestimmt Ihren Output, und Ihr Output bestimmt Ihre Zukunft.«[53]

Je mehr Sie subtil von äußeren Faktoren beeinflusst werden, desto mehr stecken Sie in der GAP.

Je mehr Sie sich selbst an Idealen messen, desto weniger selbstbestimmt sind Sie.

90 Prozent der Menschen nutzen soziale Medien explizit, *um sich mit anderen zu vergleichen*, und fast 100 Prozent dieser Vergleiche sind »soziale Aufwärtsvergleiche«, was bedeutet, dass sich die Leute mit denjenigen vergleichen, die sie als »über sich stehend« oder »besser als sie selbst« ansehen.[54]

Es ist kein Wunder, dass man umso weniger Selbstwertgefühl hat und umso deprimierter ist, je mehr Zeit man auf sozialen Medien verbringt.[55,56]

Es ist kein Wunder, dass unter Teenagern und Heranwachsenden die Selbstmordraten und der Drogenmissbrauch massiv ansteigen.[57] Die Mehrheit ihres Lebens verbringen sie damit, von Lehrern, Eltern, Altersgenossen und sich selbst mit anderen verglichen zu werden.

Jede Form des sozialen Vergleichs steckt einen in die GAP.

Sich selbst an jemand anderem zu messen, lässt einen in die GAP fallen.

Mit jemand anderem im Wettbewerb zu stehen, lässt einen in der GAP verweilen.

All das steht im Widerspruch zu Selbstbestimmung und intrinsischer Motivation. Stattdessen wird man durch äußere Faktoren bestimmt und extrinsisch motiviert, wenn man sich mit anderen vergleicht.

Man verliert die eigene Identität.

Man verliert den inneren Kompass.

Man jagt den falschen Idealen nach, was zu einem anhaltenden GAP-Wettlauf ins Nirgendwo führt.

***Ihr Glück als Person hängt davon ab, woran Sie sich messen.***

Das Gegengift, wenn man sich in der GAP befindet, besteht darin, sich durch den GAIN zu messen. Besser gesagt, ***misst man seine eigenen GAINS***, anstatt sich über andere Menschen Gedanken zu machen.

Auf die Art wird man selbstbestimmt: Man hat einen internen Referenzpunkt. Man misst sich nicht mehr an anderen. Man misst sich nur noch an den eigenen Maßstäben.

*Man misst den GAIN nicht die GAP.*

Sandi McCoy musste damit aufhören, sich Gedanken darüber zu machen, was andere Menschen von ihr hielten. Sie musste lernen, den Erfolg für sich selbst zu definieren, ihren eigenen Erfolg zu messen und selbstbestimmt zu werden.

Es war ein langer Weg für Sandi. In den letzten sechs Jahren verlor sie über 108 Kilo an Gewicht. Vorher hatte sie morbide Adipositas mit über 180 Kilogramm Körpergewicht. Sie nutzte ihre Plattform auf den sozialen Medien, um anderen von ihrem Kampf zu berichten, den sie täglich auszustehen hat, auch nachdem sie schon vier Jahre ihr Gewicht hält.

Oft kritisieren Menschen ihre Fotos, nennen sie fett und machen sich über die überschüssige Haut lustig. Sie hat gelernt, die Hater zu ignorieren. Sie hat gelernt, dass sie den Erfolg für sich selbst definieren muss, denn selbst nach all diesen GAINS kann sie immer noch in der GAP landen, wenn sie ihre Figur oder ihr Gewicht mit anderen vergleicht.

Wie sie es auf ihrem Instagram-Account beschrieben hat:

> »Es gab eine Zeit, als ich meinen Erfolg an dem maß, von dem ich dachte, dass andere es von mir wollten. Ich hatte das Gefühl, alle zu enttäuschen. Besonders, wenn es darum ging, Gewicht zu verlieren. Erst als ich beschloss, eine Liste dessen aufzustellen, was ich tatsächlich im Leben wollte, konnte ich die Ziele erreichen, die ich mir selbst gesteckt hatte …
>
> Heute habe ich meine Kalorien gezählt, das Haus saubergemacht, meine Knieübungen gemacht, bin spazieren gegangen und habe ein bisschen Kickball gespielt. Für manche Menschen mag sich das nicht nach einem erfolgreichen Tag anhören, aber für mich ist er das. Erfolg wird von einem selbst gemessen. Niemand anders kann dein Glücksbarometer kalibrieren.«[58]

Sandi hat recht. Sie müssen derjenige sein, der Ihren Erfolg definiert. Sie bestimmen, wie ein »erfolgreicher Tag« für Sie aussieht.

Ändern Sie Ihren Referenzpunkt so, dass er innerlich liegt, wo Sie Ihren eigenen Erfolg bewerten.

Als kleine Übung nehmen Sie Ihr Tagebuch zur Hand und beantworten Sie die folgenden Fragen:

- Sind die Referenzpunkte, an denen Sie Ihren Erfolg messen, innerlich oder äußerlich?
- Wie oft vergleichen Sie sich mit anderen?
- Wie viel Zeit verbringen Sie mit sozialen Medien?
- Sind Sie selbstbestimmt und frei?

## DEFINIEREN SIE IHRE »ERFOLGSKRITERIEN«

»Wir beschäftigen uns vor allem damit, Erfolg zu definieren.«
– ARIANNA HUFFINGTON[59]

Dean Jackson ist Marketingexperte und Unternehmer. Vor 20 Jahren hatte Dean einen Aha-Moment über das inhärente Problem mit dem »Streben nach Erfolg«. Vor allem kam er zum Ergebnis, dass die Phrase »Ich werde erfolgreich sein, wenn …« die Menschen dazu verleitet, der falschen Art von »Erfolg« hinterherzujagen und nie das Leben zu bekommen, das sie wollen.

Dean beschloss, die Frage anders zu stellen, um den Erfolg im Hier und Jetzt zu verankern. Er fragte sich: »Ich weiß, dass ich erfolgreich *bin*, wenn …«, und stellte eine Liste mit zehn Punkten auf:[60]

1. ich jeden Tag aufwachen und fragen kann: »Was würde ich heute gerne tun?«

2. mein passives Einkommen den Betrag, den ich für meinen Lebensstil benötige, übersteigt.

## LERNEN SIE, IHREN FORTSCHRITT ZU SCHÄTZEN

»Bevor Sie den Prozess mit einem neuen Ziel einleiten, sollten Sie auf jeden Fall Ihre bisherigen Fortschritte und Leistungen anerkennen und würdigen.«

3. ich überall in der Welt leben kann, wo ich will.
4. ich an Projekten arbeite, die mich begeistern und mir gestatten, mein Bestes zu geben.
5. ich mehrere Monate verschwinden kann, ohne dass es Einfluss auf mein Einkommen hat.
6. es in meinem Leben niemanden gibt, der herumjammert.
7. ich nur aus Neugier eine Uhr trage.
8. ich keine zeitlichen Verpflichtungen oder Deadlines habe.
9. ich stets trage, was ich will.
10. ich jederzeit aufhören kann zu arbeiten.

Diese Liste spiegelt Deans persönliche Erfolgskriterien wider. Seinen Maßstab hat er selbst geschaffen. Er ist selbstbestimmt.

Er gleicht regelmäßig seine Liste ab, besonders, wenn sich ihm Möglichkeiten auftun oder er Entscheidungen treffen muss. Wenn eine Geschäftsmöglichkeit eindeutig Deans zehn Prinzipien schmälern oder in Konflikt mit ihnen stehen würde, sagt er »Nein«.

Seine eigenen Erfolgskriterien zu haben, gestattet es Dean, fundierte Entscheidungen zu treffen, die auf seiner eigenen Definition von Erfolg beruhen. Er nutzt seine Liste, um FoMO zu vermeiden. Wenn er »Nein« zu Situationen, Beziehungen oder Möglichkeiten sagen kann, die nicht zu seinen Erfolgskriterien passen, ist er glücklich.

Versuchen Sie das einmal selbst.

Verbringen Sie 20 bis 30 Minuten ohne Ablenkung und schreiben Sie Ihre Antworten auf folgende Frage auf: »Ich weiß, dass ich erfolgreich *bin*, wenn …«

Seien Sie so ehrlich mit sich selbst, wie es geht.

Niemand kann Erfolg für Sie definieren.

## VERMEIDEN SIE ES, SICH ZU RECHTFERTIGEN

»Wenn Sie Rechtfertigungen eliminieren, werden Sie feststellen, dass all die Energie, die Sie dafür aufgebracht haben, in Form von Kreativität, Innovation und Kooperation zu Ihnen zurückfließt.«

Ihre eigenen Erfolgskriterien zu definieren, führt dazu, dass Sie selbstbestimmt sind. So entwickeln Sie ein internes Referenzsystem. Sie entscheiden, wie Sie sich selbst bewerten.

Seien Sie flexibel bei dieser Liste.

Betrachten Sie sie als Entwurf für ein Buch, das lektoriert und verbessert werden kann. Die Chancen stehen gut, dass Sie Erfolg anders definieren, als Sie es vor fünf bis zehn Jahren getan hätten.[61]

*Das ist gut!*

Außerdem wird Ihr künftiges Selbst Erfolg vermutlich anders definieren, als Sie es jetzt tun. Sie sollten daher nicht glauben, dass Sie ewig mit dieser Liste Vorlieb nehmen müssen, die Sie zusammenstellen.

Der Hauptpunkt ist, dass Sie Ihre eigenen Erfolgskriterien haben, die Ihnen eine Richtschnur sind, wie Sie Ihre Zeit verbringen und was Sie tun. Verfeinern und verbessern sie Ihre »Erfolgskriterien«, während sich Ihre Perspektiven und Erfahrungen ändern.

Sie müssen keine zehn Punkte auf der Liste stehen haben wie Dean. Aber ich lasse Ihnen Raum für zehn:

Sie *sind* erfolgreich, wenn …

1.
2.
3.
4.
5.
6.
7.
8.
9.
10.

So wie Dean Jackson mit seiner »Ich *bin* erfolgreich, wenn …«-Liste hat Lee Brower, ein erfolgreicher Unternehmer und Experte für Dankbarkeit, dessen Lektionen von mehr als 100 Millionen Menschen gesehen wurden, eine Liste von sechs Fragen entwickelt, die er als einen Filterprozess nutzt, um qualitativ hochwertige Entscheidungen zu treffen.

Im Folgenden stehen Lee's sechs Filterfragen, die auch als seine persönlichen Erfolgskriterien dienen:

1. Stimmt diese(s) Chance, Person, Ausgabe, Abenteuer, Erfahrung, Beziehung, Engagement et cetera mit meinen Werten überein?

2. (Wenn die Antwort auf die erste Frage »Nein« lautet, stellt sich Lee die verbliebenen fünf Fragen gar nicht. Wenn aber die Antwort auf die erste Frage »Ja« lautet, setzt er den Filterprozess fort.)

3. Wird diese Chance et cetera meine einzigartigen Fähigkeiten nutzen und mich noch stärker machen? Werde ich dadurch mit größeren Schritten vorankommen?

4. Wird diese Chance et cetera der Menschheit nutzen? Gibt es noch ein größeres Ziel oder einen bedeutenderen Zweck dabei, die einen Nutzen für die Menschheit darstellen?

5. Ist es finanziell sinnvoll?

6. Ist es eine Transaktion oder Transformation? Mit anderen Worten, ist es eine singuläre Chance oder öffnet sie weitere Türen?

7. Wenn ich zu dieser Gelegenheit »Ja« sage, wozu muss ich dann »Nein« sagen?

Wie bei Deans Kriterien sind das hier *Lees* ganz persönliche Kriterien dafür, Entscheidungen zu treffen. Der Punkt dabei ist, nicht einfach Deans oder Lees Erfolgskriterien zu übernehmen, auch wenn Sie sich natürlich auf jeden Fall davon anregen lassen oder sich etwas davon borgen können, wenn es Sie inspiriert. Der Zweck, diese Listen zu präsentieren, besteht aber darin, Sie zum gründlichen Nachdenken über Ihre eigenen Maßstäbe zu animieren.

## IDEALE ALS INSPIRATION

»Ein Ideal stellt man sich am besten als eine unerschöpfliche Quelle der Inspiration vor, um Ziele zu erschaffen. Wir sind alle wie Regisseure, die ihre gesamte Erinnerung und Vorstellungskraft als Rohmaterial verwenden, um eine nie endende Reihe an Filmen vor unserem inneren Auge zu entwerfen.«

Ein fundamentaler Aspekt, im GAIN zu sein, ist es, sein Leben selbstbestimmt zu leben. Sie leben nicht mehr in der GAP und messen sich an Idealen, sondern leben auf der Grundlage *klar messbarer Größen*, die Sie selbst ausgewählt haben.

Dann nutzen Sie diese Kriterien regelmäßig, um Entscheidungen zu treffen und im Leben voranzukommen. Während Sie voranschreiten, bewerten Sie sich regelmäßig in der Rückschau, um Ihren eigenen Fortschritt zu evaluieren.

Es erwächst ein stilles Selbstvertrauen daraus, dass Sie Ihr eigenes Rennen bestreiten und sich nicht länger an anderen messen oder mit ihnen vergleichen.

Der Philosoph Seneca nannte es *euthymia*, was bedeutet: »Dass Sie auf dem richtigen Pfad sind und sich nicht in die Irre führen lassen durch die vielen Spuren der hoffnungslos Verlorenen, die Ihren Weg kreuzen.«[62]

## NUTZEN SIE IHR FILTERSYSTEM, UM WEITER UND SCHNELLER VORANZUKOMMEN

> »Nutzen Sie diese Regel, wenn Sie sich häufig zu sehr engagieren oder Ihre Energien zerstreuen. Wenn Sie bei etwas nicht ›Verdammt, ja!‹ ausrufen, sagen Sie ›Nein‹ dazu. Wenn Sie entscheiden, ob Sie etwas tun sollen, und Ihnen nichts weniger als ›Wow! Das wäre umwerfend! Absolut! Verdammt, ja!‹ in den Sinn kommt – sagen Sie ›Nein‹.«
>
> – DEREK SIVERS[63]

Das britische Ruderteam hatte seit 1912 keine Goldmedaille mehr gewonnen. Wie man es auch betrachtete, es hatte kein gutes Ruderprogramm.

Dann veränderte sich etwas.

In Erwartung der Olympischen Sommerspiele 2000 in Sydney entwickelte das Team einen nützlichen Filterprozess, der alles veränderte. Sie wandelten sich von einem durchschnittlichen Ruderteam zu einem, das olympisches Gold gewann.

## SCHAFFEN SIE ERFOLGSKRITERIEN

»Die einfachste und effizienteste Methode, um sicherzustellen, dass Sie die Resultate erzielen, die Sie wollen, besteht darin, eine Liste an Erfolgskriterien für Ihre eigenen Ziele zusammenzustellen.«

Sie entwickelten einen Filterprozess mit nur einer Frage, die jede Entscheidung beeinflusste, die sie trafen. Diese eine Frage gestattete es ihnen, jede Situation, Entscheidung und jedes Hindernis zu bewerten – und nicht an den üblichen Stellen ins Stocken zu geraten.

Bei jeder Entscheidung oder Chance fragte sich das Team: ***WIRD DADURCH DAS BOOT SCHNELLER?***

Beispiel: Man wird am Tag vor dem Training zu einer spätabendlichen Party eingeladen. ***WIRD DADURCH DAS BOOT SCHNELLER?***

Wenn die Antwort nein ist, lautet die Entscheidung »Nein«.

Sie würden gerne einen Donut essen? ***WIRD DADURCH DAS BOOT SCHNELLER?***

Dieser einzige Maßstab wurde für die Mitglieder des britischen Ruderteams zum Entscheidungsfilter, um schnell ihren Zusammenhalt zu steigern, ihre Fertigkeiten zu verbessern, ihre Konditionierung und ihr Training.

Sie schlugen ihre Rivalen vernichtend und gewannen die Goldmedaille.

Wie beim britischen Ruderteam werden Ihre Erfolgskriterien mächtiger und effektiver, wenn Sie sie einsetzen. Eine Liste effektiver »Erfolgskriterien« ist etwas, das sie einfach anwenden können, besonders in hitzigen Situationen, wenn Sie vielleicht zu Kompromissen neigen.

Werden Sie sehr gut darin »Nein« zu allem zu sagen, das nicht in Übereinstimmung mit Ihren Erfolgskriterien steht. Wenn Sie das tun, werden Sie schockiert darüber sein, wie viel Selbstvertrauen und Schwung Sie schnell aufbauen können.

Ihre Liste an Erfolgskriterien ist Ihr *Raketentreibstoff.*

Je mehr Sie nach diesen leben und sie befolgen, desto schneller werden Sie dahin kommen, wo Sie hinwollen.

Es ist Zeit für eine kurze Übung. Holen Sie Ihr Tagebuch und vereinfachen Sie die Erfolgskriterien, die Sie oben aufgelistet haben.

- Konzentrieren sich Ihre Erfolgskriterien auf die Ergebnisse, die Sie im Moment anstreben?
- Welchen einfachen Filter könnten Sie schaffen, um jede Entscheidung zu bewerten, die Sie treffen (zum Beispiel: »Wird dadurch das Boot schneller?«)?

- Auf welche einzelne Sache könnten Sie in den nächsten drei Stunden den Filter anwenden?

## WICHTIGES AUS DIESEM KAPITEL

- Externe Referenzpunkte machen es unmöglich, sich erfolgreich zu fühlen – egal, was Sie tun, diese Erfolgskriterien verändern sich ständig.
- Aus der GAP herauszukommen und in den GAIN zu gelangen, bedeutet, dass Sie selbst Ihr eigener Referenzpunkt sind.
- Die GAP bedeutet, dass Ihr Leben von jemandem oder etwas Externem bestimmt ist. Der GAIN bedeutet, dass Sie ein selbstbestimmtes Leben führen.
- Wenn Ihr Referenzpunkt intern ist, entscheiden Sie in letzter Instanz, was »Erfolg« für Sie bedeutet, egal, was andere Leute denken.
- Wenn Ihr Referenzpunkt intern ist, liegen Glück und Erfolg direkt im Hier und Jetzt.

## SEIEN SIE GENAU UND NICHT VAGE

»Vage zu sein, führt zu vagen Ergebnissen, also müssen Sie genau sein, wenn Sie Ihre gewünschten Resultate beschreiben.«

## KAPITEL 3

# DER ZINSESZINSEFFEKT VON GAP ODER GAIN

## Schulen Sie Ihr Gehirn, die GAINS zu sehen

»Manchmal finden die größten wissenschaftlichen Durchbrüche deswegen statt, weil jemand den vorherrschenden Pessimismus ignoriert.«
– NESSA CAREY, BRITISCHE BIOLOGIN[64]

Die GAP stresst einen. Sie fordert einen körperlichen Tribut und lässt Sie altern. Sie mindert Ihr mentales Wohlergehen.

Die GAP ist eine Angewohnheit. Sie ist eine Angewohnheit, in die wir buchstäblich Hunderte Male am Tag verfallen. Wir können jeden Tag Stunden in der GAP verbringen – unglücklich, verbittert, voller Bedauern.

Wenn Sie ausgedehnte Zeit in der GAP verbringen, wird der Zinseszinseffekt Ihr Leben beträchtlich verkürzen.

Forschungen zeigen, dass die Alterungsrate Ihres Körpers größtenteils davon bestimmt wird, wie Ihre Gene auf Stressfaktoren reagieren.

Sich kurzfristigem Stress auszusetzen, kann tatsächlich Ihre Reaktion auf zellulärer Ebene stärken (sogenannter »hormetischer Stress«). Hormetischer Stress fördert die Langlebigkeit, indem er in Ihrem Körper Abwehrmechanismen aktiviert.

Aber wenn man sich anhaltend und langfristig Stress aussetzt, wird der Körper überfordert, muss das kompensieren und Mehrarbeit leisten (sogenannter »toxischer Stress«), was Ihre Lebensdauer verkürzt.[65]

Einfach ausgedrückt: Wenn Sie anhaltend gestresst oder aufgeregt sind, schadet Ihnen das körperlich. Der Zinseszinseffekt der GAP ist beträchtlich. Jedes Mal, wenn Sie sich in der GAP befinden, ist das wie ein Mikrotrauma für Ihren Körper. Mit der Zeit summieren sich diese Mikrotraumata und können Sie letztlich zusammenbrechen lassen.

Das Gegenteil trifft ebenfalls zu – im Gain zu sein, wirkt wiederherstellend, heilend und gibt Ihnen die Macht über Ihre eigenen Lebensumstände zurück.

Forschungen zeigen, dass Optimisten oft über zehn Jahre länger leben als Pessimisten.[66]

Eines meiner Lieblingsbeispiele ist eine Langzeitstudie über Glück, die eine Gruppe von 180 katholischen Nonnen des Ordens der Armen Schulschwestern von Unserer Lieben Frau untersuchte.[67] Alle von ihnen waren vor 1917 geboren worden. Als sie Nonnen wurden, bat man sie, autobiografische Tagebucheinträge anzufertigen.

Mehr als fünf Jahrzehnte später analysierten die Forscher die Einträge auf positiven emotionalen Inhalt. Sie fragten sich, ob eine positive Einstellung als Zwanzigjährige vorhersagen konnte, wie sich das Leben eines Menschen entwickelte und wie lange sie lebten.

Die Nonnen, deren Einträge überwiegend fröhlicher Natur waren und die explizit positive Emotionen beschrieben, lebten im Durchschnitt fast zehn Jahre länger als die Nonnen, deren Tagebucheinträge eher negativ oder neutral gehalten waren.

Im Alter von 85 waren *90 Prozent* der glücklichsten Gruppe von Nonnen immer noch am Leben, verglichen mit nur 34 Prozent der am wenigsten glücklichen Nonnen.

Das ist eine beträchtliche Differenz.

Als diese Nonnen 20 Jahre alt waren, begründeten sie ihr Glück nicht damit, wie lange sie glaubten zu leben. Andersherum – sie lebten länger, weil sie glücklich waren.

Andere Forschungen zeigen, dass unglückliche Menschen leichter krank werden. Zum Beispiel zeigt eine Studie, dass unglückliche Angestellte im Durchschnitt 15 Krankentage mehr pro Jahr nehmen.[68]

In einer weiteren Studie wurden die Teilnehmer zuerst anhand ihres Glückspegels eingeschätzt, dann injizierte man ihnen Erkältungsviren. Eine Woche später hatten die Glücklicheren unter ihnen dem Virus besser widerstanden als die weniger Glücklichen. Sie fühlten sich besser und hatten weniger objektive Symptome durch das Virus – was bedeutet, sie niesten weniger, husteten weniger, hatten weniger Entzündungen oder verstopfte Nasen.[69]

Die Art, wie Sie Erfahrungen filtern, beeinflusst Ihre emotionale und körperliche Reaktion auf diese Erfahrungen.

Es gibt ein gesamtes Forschungsfeld, das auf dieser Prämisse basiert: Die *Epigenetik*, die zeigt, dass unsere Wahrnehmung von Ereignissen und Situationen beeinflusst, welche Wirkung diese auf uns haben.[70]

Forschungsergebnisse zeigen, dass Ihre Interpretation von Ereignissen – trotz deren objektiver Charakteristika – bestimmt, welchen Einfluss Stress und Krankheit auf Ihren Körper haben.[71,72]

Wie Sie eine Erfahrung interpretieren, beeinflusst buchstäblich, wie Ihr Körper diese Erfahrung metabolisiert.

Wahrnehmung formt Biologie.

Es gibt Dutzende seriöse Studien, die diese Tatsache herausstellen, aber ich werde Ihnen zwei besonders interessante präsentieren, nur um diesen Punkt zu unterstreichen.

Die erste Studie stellte fest, dass Ihre Ansichten über Ihre physischen Aktivitäten beeinflusst, welchen gesundheitlichen Nutzen Sie davon haben.[73] In dieser Studie wurden bei 84 Frauen, die als Zimmermädchen in Hotels arbeiteten, verschiedene Gesundheitsfaktoren gemessen, wie Gewicht, BMI (also der Body-Mass-Index), das Verhältnis von Bauchumfang zu Hüftumfang, der Blutdruck et cetera.

Der Hälfte dieser Frauen sagte man, dass ihre Arbeit eine »gute körperliche Übung« wäre und den Empfehlungen des Surgeon General für einen aktiven Lebensstil entsprach.

Man nannte ihnen Beispiele dafür, inwieweit ihre Arbeit sportlichen Übungen entsprach.

Der anderen Hälfte der Frauen gab man diese Informationen nicht. Man untersuchte nur ihre Gesundheitsfaktoren.

Auch wenn sich das alltägliche Verhalten dieser 84 Frauen nicht änderte, hatte die »informierte Gruppe« den Eindruck, bedeutend mehr sportliche Betätigung zu haben als vorher. Sie sahen ihre Arbeit nun als eine »körperliche Übung«, die sie vorher nicht ausgeübt hatten.

Verglichen mit der Kontrollgruppe zeigten die »informierten« Frauen einen objektiven Gewichtsverlust, niedrigeren Blutdruck, weniger Körperfett, ein günstigeres Verhältnis von Bauch- zu Hüftumfang und einen niedrigeren BMI.

Ihre Körper veränderten sich, und sie wurden fitter und gesünder.

Das lag nicht an einer Veränderung ihres Verhaltens, denn ihr Verhalten änderte sich nicht. Diese körperliche Veränderung konnte nur dadurch erklärt werden, dass sich die *Wahrnehmung ihres Verhaltens* änderte.

Die Forscher aus Harvard, die diese Studie leiteten, stellten fest: »Diese Ergebnisse unterstützen die Hypothese, dass Sport die Gesundheit zum Teil oder im Ganzen über den Placebo-Effekt beeinflusst.«

In der zweiten Studie stellten Forscher fest, dass der Glaube daran, ob ein bestimmtes Nahrungsmittel gesund ist oder nicht, die Art und Weise beeinflusst, wie der Körper dieses Nahrungsmittel verdaut und darauf reagiert.[74]

In der Studie wurden die Teilnehmer in zwei Gruppen eingeteilt. Eine Gruppe erhielt einen »unvernünftigen« Milchshake mit einem Etikett, auf dem stand, er enthielte 620 Kalorien und einen sehr hohen Fettanteil.

Die andere Gruppe bekam einen »vernünftigen« Milchshake mit einem Etikett, auf dem stand, er enthielte 120 Kalorien und sei angereichert mit Nährstoffen.

Beide Milchshakes enthielten in Wahrheit 380 Kalorien und hatten dieselben Nährstoffe.

Um herauszufinden, welchen Effekt die Wahrnehmung der Leute über ihren Milchshake auf die tatsächliche körperliche Reaktion hatte, nahmen die Forscher zu drei verschiedenen Zeitpunkten Blutproben von den Teilnehmern.

## VERGLEICHE MACHEN SIE UNGLÜCKLICH

»Vergleiche machen Sie unglücklich, und wenn Sie sich auf diesen Pfad begeben, werden Sie in dieser Welt unendlich viele Möglichkeiten finden, sich zu vergleichen.«

Sie maßen besonders das Magenenzym *Ghrelin*, das ein essentieller Indikator für Energiemangel ist.

Wenn Ihr Körper einen geringen Energiepegel hat oder einen leeren Magen, sagt Ghrelin Ihrem Gehirn, dass Sie hungrig sind und essen sollten. Nachdem Sie gegessen haben, unterdrückt Ihr Körper den Ghrelinpegel, was Ihrem Gehirn signalisiert, dass Sie satt oder voll sind.[75]

Die gesamte Studie dauerte 90 Minuten.

Die erste »Baseline«-Blutprobe wurde nach einer 20-minütigen Ruheperiode genommen. Nachdem man die erste Probe genommen hatte, sagte man den Teilnehmern, sie sollten sich das irreführende Etikett auf dem Milchshake ansehen, den sie trinken würden.

Eine Stunde nach Beginn der Studie nahm man eine zweite Blutprobe. Nachdem die zweite Blutprobe genommen worden war, sagte man ihnen, sie sollten den Milchshake innerhalb von zehn Minuten nach der Probeentnahme trinken.

Dann wurde 90 Minuten nach Beginn der Studie eine dritte Blutprobe genommen, nachdem sie den Milchshake getrunken hatten.

Diejenigen, die glaubten, sie hätten den »unvernünftigen« Milchshake getrunken, der 620 Kalorien enthielt, hatten einen geringeren Ghrelinspiegel im Blut, nachdem sie den Shake getrunken hatten. Ihr Körper dachte, sie seien satt, und sie glaubten es.

Dahingegen hatten diejenigen, die dachten, sie hätten den »vernünftigen« Milchshake getrunken, *mehr Ghrelin* im Blut, was bedeutet, ihr Körper fühlte sich nicht satt.

Als man sie fragte, wie sie sich fühlten, sagte diese Gruppe, sie fühlten sich nicht gesättigt.

Alle Teilnehmer hatten denselben Milchshake getrunken.

Nicht der Inhalt war das Entscheidende.

Es war stattdessen der Kontext, der die Bedeutung und die Wirkung des Inhalts beeinflusste. Der Kontext war die Wahrnehmung oder das Framing dieser Erfahrung.

Nehmen Sie ein Trauma als Beispiel. Zwei Menschen können das gleiche Ereignis durchleben, und einer von ihnen codiert die Erfahrung als »traumatisch«, während die andere Person das nicht tut.

So viel Erfahrung stammt aus der Bedeutung oder dem Framing, das eine Person ihr zuschreibt.

Wenn man den Kontext ändert, verändert man die Bedeutung. Die Bedeutung bestimmt die psychologischen und physischen Auswirkungen des Inhalts.

Für alle Menschen in jeder Situation ist der wichtigste Kontext, ob sie den Wert der Erfahrungen, die zu ihrer Entwicklung beitragen, als negativ oder positiv bewerten.

Sind sie in der GAP oder im GAIN?

Wenn Sie sich Hunderte Male am Tag in die GAP begeben, sind die psychologischen und physischen Auswirkungen sehr real. In der GAP zu sein, hat einen handfesten körperlichen Effekt – man fühlt sich schwer, ängstlich, gestresst, unglücklich.

Der GAIN hat ebenfalls konkrete körperliche Auswirkungen – man fühlt sich leicht, energetisiert, befreit und hat mehr Selbstvertrauen.

Der GAIN ist der einflussreichste Kontext, der einem die meiste Energie gibt, wenn es darum geht, eine Erfahrung zu bewerten.

Fraglos ist der Grund, wieso die »glücklichen« Nonnen zehn Jahre länger lebten als die »unglücklichen« Nonnen, nicht der, dass sie fundamental verschiedene Lebensstile hatten. Es war eher so, dass die glücklichen Nonnen einfach die Erfahrungen, die sie machten, als »positiv« wahrnahmen oder codierten, wohingegen die unglücklichen Nonnen *die gleichen Erfahrungen* als negativ oder neutral bewerteten.

Eine Erfahrung als positiv oder negativ zu sehen, ist dasselbe, wie zu glauben, ein Milchshake habe 620 oder 120 Kalorien.

Wenn man im GAIN ist, nimmt man alles im eigenen Leben – sogar die herausfordernden Erfahrungen – als GAIN wahr.

Sie können eine herausfordernde und sogar stressige Erfahrung durchleben, aber Ihr Körper kann mit dieser Erfahrung positiv umgehen, weil Sie diese als GAIN framen.

Jeder hat ernste Probleme in seinem Leben, aber man hat immer die Wahl, wie man diese sieht.

Nehmen Sie zum Beispiel meinen Freund Jeff, der kürzlich geschieden wurde. Er hatte überhaupt nicht mit dieser Scheidung gerechnet. Er war seiner Frau zu 100 Prozent treu und liebte sie von ganzem Herzen. Aber sie entschied, dass sie einen anderen Lebensstil wollte, einen, der fundamental im Konflikt stand mit dem Glaubens- und Wertesystem, das beide früher geteilt hatten.

Jeff versuchte fast eineinhalb Jahre, die Meinung seiner Frau zu ändern, aber sie war unverrückbar. Es wurde klar, dass Scheidung die einzige Antwort war.

Jeff wollte eine positive Beziehung zu seiner jetzigen Exfrau aufrechterhalten. Um das zu erreichen, musste er bewusst darauf achten, wie er sie und die vergangene Beziehung mit ihr insgesamt abspeicherte.

Ihm wurde klar, dass seine Frau im Vorfeld der Scheidung eine Menge emotionales Trauma und Verwirrung durchlebt hatte, was zu einer radikalen Verschiebung ihre Glaubenssätze und Persönlichkeit geführt hatte.

Statt aufgrund dieser Veränderungen auf sie wütend zu sein, beschloss Jeff, Mitleid zu haben. Er sah, dass sie ernsthafte psychologische Probleme hatte.

Dafür gab er ihr keine Schuld.

Auch sich selbst gab er keine Schuld.

Er war auch nicht wütend auf sich selbst, wie sich die Dinge entwickelt hatten. Er glaubte, er hatte wirklich alles getan, was in seiner Macht stand, um seine Ehe zu retten, aber dass er letztlich die Veränderung der Glaubenssätze und Ziele seiner Frau nicht kontrollieren konnte.

Es war für Jeff aufgrund einiger entscheidender Gründe wichtig, im GAIN zu bleiben. Er wusste, dass etwas so Ernsthaftes – sich nach fast 15 Jahren Ehe scheiden zu lassen – ihn Monate, Jahre oder sogar den Rest seines Lebens aus der Bahn werfen konnte.

Das wollte er nicht.

Sie hatten drei kleine Kinder zusammen, und er wollte den Schaden für die Kinder soweit wie möglich minimieren.

Seine Ehe bereute er nicht im Geringsten.

Er liebte seine Frau.

Dass es vorbei war, stimmte ihn traurig. Aber Jeff war auch ein sehr spiritueller Mensch und beschloss zu glauben, dass Gott etwas Anderes und Besseres für ihn im Sinn hatte.

Für den künftigen Lebensstil und die Lebensreise seiner Frau, die sie selbst gewählt hatte, wünschte er ihr nur das Beste.

Auch weiterhin wollte er sie lieben und respektieren, nicht nur um der Kinder willen, *sondern, weil er sie lieben und respektieren wollte.*

Er beschloss, die ganze Erfahrung als GAIN zu sehen.

Die 15 Jahre, die sie verheiratet gewesen waren, waren ein großartiges und wunderschönes Abenteuer gewesen. Das wollte er um nichts in der Welt ungeschehen machen. Sie hatten drei wunderbare Kinder zusammen, die die größten GAINS in seinem Leben waren.

Er war nicht wütend auf seine Frau, weil er beschlossen hatte, auf empathische und zielgerichtete Weise zu framen, wieso sie ihre Entscheidung getroffen hatte.

Sie war kein »schlechter Mensch« oder »Bösewicht«.

Er beschloss, sie als wunderschöne Person zu sehen, die er liebte und bewunderte, aber mit der er keine Ehe mehr führen konnte.

Um das ganz deutlich zu sagen: Das war die schmerzlichste Erfahrung, die Jeff je durchlebt hatte. Aber manchmal können die schwersten Erfahrungen Ihre mächtigsten Gipfelerlebnisse sein – können Ihnen Lektionen und Perspektiven bieten, die Ihnen deutlich klarmachen, was Sie selbst wollen.

Indem er im GAIN blieb, war Jeff in der Lage, seine Vergangenheit positiv zu bewerten – sogar dankbar zu sein – und aktiv seine Hoffnungen für die Zukunft zu verbessern.

Er war nicht lange aus der Bahn geworfen.

Er ließ sich nicht gehen.

Er hatte nicht das Gefühl, als Person »einen Schritt zurück« zu machen, sondern GAINS für die Zukunft zu sammeln.

Im GAIN zu bleiben, ermöglichte es ihm, sich durch den Stress dieser neuen Erfahrung nicht schlechter zu fühlen, sondern gesünder und besser.

Im GAIN zu sein, macht Sie nicht nur glücklicher. Es macht Sie auch widerstandsfähiger gegenüber Herausforderungen. Es verbessert Ihre Gesundheit, und Sie leben länger.

Angesichts dessen, dass Sie nun verstehen, welche physischen und psychologischen Auswirkungen es hat, in der GAP oder im GAIN zu sein, werden im Rest des Kapitels einige grundlegende Strategien gelehrt, was Sie tun können, um sich zu fangen, wenn Sie unaufhaltsam auf die GAP zusteuern.

## SEIEN SIE EINZIGARTIG, VERGLEICHEN SIE SICH NICHT

»Statt sich auf Selbstvergleiche zu konzentrieren, konzentrieren Sie sich auf wertstiftende Gedankenmuster und Handlungen, die aus Ihren einzigartigen Gedanken und Erfahrungen erwachsen.«

Sie werden lernen, wie Sie schnell wieder Gesundheit und Wohlergehen im GAIN erreichen.

## HÖREN SIE AUF, SICH ZU VERGLEICHEN, UND PRAKTIZIEREN SIE DANKBARKEIT

»Vergleiche anstellen, stiehlt die Freude.«
– THEODORE ROOSEVELT

Die GAP ist überall – sie zeigt sich selbst bei meinen zweijährigen Zwillingsmädchen.

Neulich wollte Zorah mit den Plastiklöffeln in der Küche spielen. Ich gab ihr alle sechs Stück. Aber Phoebe schnappte sich einen, und Zorah war untröstlich.

Zorah begann Phoebe zu jagen, weil sie unbedingt diesen einen Löffel *brauchte.*

Sie konnte nicht die fünf in ihrer Hand wertschätzen, die sie zuvor so unbedingt haben wollte.

Sie sah nur den einen Löffel, den sie *nicht hatte.*

*Zorah war in der GAP.*

In der GAP zu sein, schafft Mangel.

Es hält einen auch davon ab, dankbar und großzügig zu sein.

Zorah konnte sich nicht an der Tatsache freuen, dass Phoebe mit dem einen Löffel Spaß hatte, oder dass sie selbst mehr Löffel hatte als Hände, um sie zu halten.

Zorah sah nur, was ihr *fehlte.*

Natürlich ist mir klar, dass ich über eine Zweijährige spreche, und mir ist auch klar, dass das in vielerlei Hinsicht kein fairer Vergleich ist. Aber fragen Sie sich selbst, wie oft Sie eine ähnliche Sichtweise einnehmen wie ein Kleinkind. Als ich mir selbst diese Frage stellte, wurde mir klar, dass es häufiger passierte, als ich mir gerne eingestehen wollte.

Wir waren ein paar Tage später in Disney World und bestellten Essen. Eines der Gerichte, das wir für die Kinder bestellten, kam mit einem Keks. Meine Frau Lauren teilte den Keks in vier Stücke, damit die Kinder ihn sich teilen konnten.

Nachdem er sein Stück gegessen hatte, beschwerte sich mein Sohn, dass seines das kleinste gewesen war.

*Direkt in die GAP.*

Die GAP sorgt dafür, dass man sein Leben nicht genießt.

Man weiß nicht mehr zu schätzen, was man bereits hat.

Das Gefühl der Belohnung bei einer positiven Erfahrung oder einem Fortschritt, den man macht, wird völlig abgetötet.

*Bevor er den Keks bekam*, war es das Einzige, was mein Sohn in diesem Augenblick wollte. Er war davon besessen, bettelte sogar darum. Jedes Stückchen Keks wäre toll gewesen.

*Nachdem er den Keks bekam*, verglich er ihn schnell mit etwas anderem – der Größe der Keksstücke, die die anderen Kinder aßen.

Er war nicht nur unglücklich, *er zog nicht die geringste Befriedigung aus dem Keks.*

Er hätte ihn auch gar nicht essen können.

Tatsächlich war er *schlechter dran* als vorher, bevor er den Keks bekommen hatte.

In beiden Situationen hinderte die GAP Zorah und unseren Sohn, wirklich zu schätzen zu wissen, dass sich ihre Situation tatsächlich *verbessert* hatte.

Sie hatten etwas gewonnen, aber konnten diesen GAIN nicht sehen oder empfinden, denn sie wurden von der GAP verschluckt.

Beide entwickelten ein aufgeblasenes Statusgefühl, weil sie glaubten, etwas Bestimmtes verdient zu haben.

Zorah konzentrierte sich auf die Tatsache, dass sie statt sechs nur noch fünf Löffel hatte, und konnte nicht erkennen, dass sie in Wahrheit vorher gar keinen und nun fünf Löffel hatte. Außerdem hatte Phoebe auch einen bekommen.

Nachdem sie sechs Löffel bekommen hatte, glaubte sie, sie hätte diese sechs Löffel verdient, wodurch es zu einer Verletzung ihres Status und ihres Gefühls für Fairness wurde, dass man ihr einen wegnahm.[76]

Sie reagierte emotional und irrational, konnte nicht mehr die Tatsache wertschätzten, dass ihr GAIN tatsächlich fünf Löffel waren.

Stattdessen war sie unglücklich mit den fünf.

Sie hätte genauso gut gar keinen haben können.

In diesem Moment war sie emotional *schlechter dran* mit den fünf als vorher mit gar keinem.

Unser Sohn wusste nicht zu schätzen, dass er vorher gar keinen Keks gehabt hatte und nun *ein Stückchen* Keks. Er bewertete seine Erfahrung auf eine Art und Weis, die ihn unglücklich machte.

Er war in der GAP und hatte den Eindruck, unfair behandelt worden zu sein, und war von bitterem Neid zerfressen auf die mikroskopisch größeren Keksstücke, die seine Geschwister aßen.

Seinen eigenen GAIN sah er nicht.

Er verglich seine Erfahrung mit der Erfahrung anderer.

Laut Forschungen auf dem Gebiet wirtschaftlicher Entscheidungsfindung wird eine Person häufig ein Angebot völlig ablehnen, wenn sie den Eindruck hat, ein Deal sei unfair – selbst, wenn sie dadurch gar nichts gewinnt und sonst wenigstens einen kleinen Gewinn gemacht hätte.[77,78,79]

Forschungen zeigen, dass Menschen mit einer niedrigen emotionalen Intelligenz besonders empfindsam sind, wenn es um »Verstöße gegen die Fairness« geht.[80] Sie wollen, dass alles »absolut fair« oder »zu ihren Gunsten« ist, oder sie regen sich auf – kriegen einen Tobsuchtsanfall, um das zu kriegen, was sie wollen, oder versuchen zu belegen, dass sie die Kontrolle haben.[81]

Sie entwickeln rasch eine emotionale Verbindung zu etwas, von dem sie glauben, dass »es ihres sein sollte«, und wenn sie es nicht bekommen, brechen sie zusammen.

Sie begeben sich in die GAP, weil aus ihrem »Wollen« ein »Brauchen« geworden ist.

Wie in allen Fällen ist *Dankbarkeit* ein offensichtliches Gegengift gegen emotionale Reaktionen und ungesunde Bedürfnisse.

Die Forschung zeigt, dass Menschen, die dankbar sind, sich nicht allzu besessen Gedanken um »Fairness« oder Vergleiche machen.

Stattdessen treffen sie clevere kurzfristige ökonomische Entscheidungen, die ihnen Vorteile bieten, selbst wenn das Ergebnis nicht für alle beteiligten Parteien gleich ist.[82]

Dankbar sein hilft einem, die GAINS wertzuschätzen.

Es begünstigt auch schlaue kurzfristige und langfristige Entscheidungen.

Um das deutlich zu sagen: Im Gain zu sein, bedeutet nicht, dass man einfach nachgibt. Es bedeutet nicht, dass man sich mit unfairer Behandlung abfindet.

Es bedeutet einfach nur, dass man die eigenen GAINS wertschätzt und nicht allzu heftig reagiert oder in der GAP landet, wenn eine Situation nicht genau so ist, wie Sie Ihrer Meinung nach sein sollte.

Statt emotional zu reagieren und sich an diesen kleinen Momenten festzubeißen, freuen Sie sich über ihre GAINS und lernen aus Ihren Erfahrungen.

Zeit für eine kleine Aufgabe – nehmen Sie Ihr Tagebuch in die Hand, und beantworten Sie die folgenden Fragen:

- Wann sind Sie in der GAP gelandet, weil Sie etwas *wollten*, im Glauben, es zu *brauchen*?
- Wann sind Sie in der GAP gelandet, weil Sie sich mit anderen verglichen haben?
- Wann haben Sie Dankbarkeit genutzt, um eine Situation neu zu bewerten, sodass sie einen GAIN darstellt, und haben dadurch einen Schritt nach vorne gemacht?

## LEGEN SIE DEN FINGER IN DIE WUNDE, UND GESTATTEN SIE ES ANDEREN

»Sprache ist sehr mächtig. Sprache beschreibt nicht nur Realität. Sprache schafft die Realität, die sie beschreibt.«

– DESMOND TUTU, SÜDAFRIKANISCHER ANGLIKANISCHER THEOLOGE UND MENSCHENRECHTSAKTIVIST

Colleen Bowler gründete ihre Finanzberaterfirma, Strategic Wealth Partners, im Jahr 1991 inmitten einer Scheidung und einem Sorgerechtsstreit und während sie ihren dreijährigen Sohn aufzog.

In den ersten zwei Jahren im Geschäft musste sie mit Earned Income Credits »aufstocken« und verdiente um die 14.000 Dollar im Jahr.

Jedes Jahr lief es besser und besser, ihr Unternehmen und ihr Team wuchsen. Obwohl sie mit den Jahren ein sehr erfolgreiches Unternehmen aufbaute, mehrere Auszeichnungen gewann und sogar Associate Coach bei Strategic Coach wurde, *gab sie sich selbst nie die verdiente Anerkennung.*

Jedes Jahr maß sie sich am Top-Produzenten in der Gegend, also hatte sie nie das Gefühl, tatsächlich erfolgreich zu sein.

Eine große Veränderung ergab sich für Colleen im Januar 2004, als eines ihrer Teammitglieder endlich den Finger in die Wunde legte.

Jeden Januar setzte sie neue Ziele für das kommende Jahr, die sie gemeinsam erreichen wollten. Und nach dem jährlichen Meeting für Zielsetzung und Planung, bei dem die Ziele wieder höher waren als das letzte Mal, sagte eines der Teammitglieder, das schon seit Jahren dabei war:

> »Wieso feiern wir nie unsere Erfolge? Das letzte Jahr haben wir alle Zahlen erreicht, und es scheint nicht einmal etwas zu bedeuten. Jetzt konzentrieren wir uns wieder nur auf dieses Jahr und darauf, noch höhere Zahlen zu erreichen.«

Colleen hörte es, und das führte dazu, dass sie danach jeden Januar eine Party veranstalteten, um ihre Erfolge im vorherigen Jahr zu feiern. Das Resultat wurde unmittelbar sichtbar. Jeder im Büro war vergnügter. Es war fast mit Händen greifbar.

Etwa zur selben Zeit war Colleen ärgerlich über die schulischen Leistungen ihres Sohns im Teenageralter. Er sagte zu ihr:

> »Mom, weißt du, es ist nie gut genug. Dir ist nie irgendwas gut genug. Und der wahre Grund ist, dass du dir selbst nie gut genug bist.«

Diese Unterhaltung führte dazu, dass Colleen gründlich über ihr Leben reflektierte. Ihr Sohn hatte den Finger in die Wunde gelegt.

Sowohl Colleens Sohn als auch ihr Team sagten das Gleiche.

Sie dachte darüber nach, wieso in ihrem Leben nie etwas gut genug war.

Schließlich gestattete sie sich selbst, sich zu lieben und glücklich zu sein.

Das ebnete ihr den Weg aus dem GAP-Mindset.

Sie freute sich mehr über ihre GAINS und wurde infolgedessen ein glücklicherer Mensch.

Jeder um sie herum wurde ebenfalls glücklicher, denn sie schaffte es, aus dem Hamsterrad herauszukommen, in dem sie unablässig etwas Neues »brauchte«, um ihr Selbstwertgefühl zu steigern. Mehr und mehr lernte sie zu schätzen, was sie und andere erreicht hatten. Sie empfand Stolz auf sich und auf andere.

Im GAIN zu sein, hielt sie nicht davon ab, weiterzuwachsen und Fortschritte zu machen – persönlich und in ihrem Unternehmen. Ganz im Gegenteil – ihr Wachstum beschleunigte sich, als das Gewicht der GAP nicht mehr wie ein Mühlstein um ihren Hals hing.

Es ist wichtig, mitfühlend mit sich selbst zu sein und sich selbst wertschätzen zu können.

Sie werden hin und wieder in der GAP sein. Aber nun, wo Sie das entsprechende Framework und die Sprache haben, können Sie den Finger in die Wunde legen, sobald Sie diese sehen.

Während ich dieses Buch schrieb, sagte mir mein Verleger Tucker Max bei mehreren Gelegenheiten, dass ich in die GAP gerutscht war. Ich habe ihm buchstäblich erst heute Morgen eine E-Mail geschrieben, in der es um meine Wünsche für dieses Buch ging, und er sagte: *»Ähm, bist du in der GAP oder im GAIN?«*

Vor ein paar Wochen räumte ich die Garage auf und bin mit riesigen Schritten in die GAP marschiert. Unsere Kinder sind sehr geschäftig und lieben es Werkzeuge zu benutzen, etwas zu bauen, etwas auseinanderzunehmen und es wieder zusammenzusetzen. Unsere Garage sieht manchmal aus wie ein Schrottplatz.

## MESSEN SIE IHREN EIGENEN FORTSCHRITT

»Ihren eigenen persönlichen Fortschritt zu messen, verhindert, dass Sie sich mit anderen vergleichen.«

Während ich die Garage aufräumte, steckte mein Sohn den Kopf zur Tür herein und sagte in einem positiven und gutgelaunten Tonfall: »Sieht gut aus, Dad!«

Ich weiß nicht wieso, aber ich schleuderte den Gegenstand, den ich in der Hand hielt, auf den Boden. »Wieso sieht es in dieser Garage immer so unordentlich aus?!«, grummelte ich.

Er wusste nicht, was er sagen sollte, also machte er einfach leise die Tür zu. »Okay, Dad.«

Das Verrückte daran war, bevor er den Kopf zur Tür hereinsteckte, hatte ich nicht einmal schlechte Laune gehabt. Es ging mir gut. Aber als Reaktion – vielleicht auch aus Angewohnheit – fiel ich in die GAP.

Als ich dasaß, nachdem er gegangen war, fragte ich mich:

*Was zur Hölle tue ich da? Ich mache die Garage sauber, weil ich es will. Wieso bin ich eben in der GAP gelandet? Mein Sohn lobte mich für den Fortschritt, den ich gemacht hatte. Er ermutigte und unterstützte mich!*

Indem ich in die GAP trat, wertete ich meinen eigenen Fortschritt ab und meine Mühen beim Saubermachen der Garage, während ich gleichzeitig die positive Bestätigung meines Sohns ablehnte.

Statt mich zu schämen, weil ich in die GAP ging, rief ich meinen Sohn zurück und entschuldigte mich. Ich umarmte ihn und dankte ihm für die netten Worte.

»Es tut mir leid, dass ich dir gegenüber in der GAP war.«, sagte ich.

Er dankte mir für die Entschuldigung, und es wurde zu einem tollen Moment. Es half uns beiden die Finsternis der GAP zu erkennen. Es half uns auch im GAIN zu bleiben. Die Erfahrung brachte uns sogar näher zusammen, denn mein Sohn sah, dass ich einen Fehler zugab und ihn schnell löste.

Wenn Sie sich jemand anderem gegenüber in die GAP begeben, legen Sie selbst den Finger in die Wunde und entschuldigen Sie sich. Machen Sie keine große Sache daraus. Wir sind alle Menschen. Verlassen Sie einfach die GAP, und begeben Sie sich wieder in den GAIN.

*»Oha, ich bin in der GAP gelandet. Tut mir leid.«*

Jetzt, wo Sie die Worte haben, es zu beschreiben, werden Sie die Welt mit anderen Augen sehen.

Sie werden die GAP sehen, wenn sie sich auftut.

Sie werden sie sehen, wenn Sie den Fernseher einschalten.

Sie werden sie in Unterhaltungen hören.

Sie werden sich selbst dabei ertappen – vielleicht sogar schon innerhalb der nächsten 20 Minuten –, wie Sie wegen etwas in die GAP fallen.

Jetzt, wo Sie *die GAP und den GAIN* benennen können, sind Sie in der Lage, dieses erstaunliche Werkzeug zu nutzen, um Ihr Leben zu verbessern.

Wenden Sie die Begriffe rund um GAP und GAIN in den folgenden Situationen an:

- Legen Sie den Finger in die Wunde, wenn Sie sich selbst in der GAP erwischen. Suchen Sie sofort nach dem GAIN, und fassen Sie ihn in Worte.
- Erzählen Sie fünf Menschen, die Sie kennen und lieben, von dem *GAP-and-GAIN-Konzept.* Wenn Sie wollen, geben Sie ihnen ein Exemplar dieses Buchs, damit sie selbst mehr im GAIN leben.
- Gestatten Sie diesen fünf Leuten, den Finger in die Wunde zu legen, wenn Sie in der GAP sind.
- Helfen Sie anderen, ihre GAINS besser zu erkennen und wertzuschätzen, indem Sie (1) ihnen Fragen stellen, welche Fortschritte sie letztens gemacht haben, und (2) ihnen ihre Fortschritte vor Augen führen. Es kann sehr beeindruckend und ermutigend sein, wenn jemand Ihre Fortschritte erkennt und darauf hinweist. Seien Sie die Person, die anderer Leute GAINS würdigt.
- Wenn Sie in einer schwierigen Situation stecken, helfen Sie sich selbst und anderen, den GAIN zu finden. Statt sich aufzuregen, können Sie fragen: *»Was ist der GAIN dabei?«*, oder: *»Wie können wir das in einen GAIN verwandeln?«*

## PRAKTIZIEREN SIE MENTALE SUBTRAKTION

»Gibt es eine gute Methode, sich von positiven Ereignissen zu ›entwöhnen‹? Über die Abwesenheit dieser positiven Ereignisse nachzudenken, könnte funktionieren.«

– MINKYUNG KOO, SARA ALGOE, TIMOTHY WILSON UND DANIEL GILBERT.[83]

Im Film *Ist das Leben nicht schön?*[84] von Frank Capra aus dem Jahr 1946 erscheint ein Engel namens Clarence einem Mann namens George Bailey, der gerade von einer Brücke springen will, um sein Leben zu beenden.

Clarence nimmt George mit auf eine spirituelle Reise durch die Welt, wie sie gewesen wäre, wenn George niemals geboren worden wäre.

Statt George über all die guten Dinge in seinem Leben nachdenken zu lassen, gestattet Clarence ihm zu sehen, welche Folgen es gehabt hätte, wäre er niemals geboren worden.

George kann einen Blick auf die Welt werfen, in der alles Gute fehlt, das er hatte.

Indem er sich *die Abwesenheit* all des Guten in seinem Leben vorstellt und die negativen Folgen, wenn er nie geboren worden wäre, realisiert George, wie rar und wertvoll die guten Dinge im Leben tatsächlich sind.

Sein Ausblick aufs Leben verwandelte sich *sofort.*

Psychologen haben sich diese Idee geborgt und Tests durchgeführt, um herauszufinden, ob man die guten Dinge im Leben mehr schätzt, wenn man über ihre Abwesenheit nachdenkt – ein Konzept, das man *mentale Subtraktion* nennt.

Die Ergebnisse sind klar: Mentale Subtraktion ist eine der effektivsten, wissenschaftsbasierten Techniken, um Dankbarkeit und Glück zu steigern.[85]

In der Tat zeigt die Forschung, dass die Abwesenheit eines positiven Ereignisses in Ihrem Leben eine stärkere Wirkung auf Sie hat, als nur auf das positive Ereignis zurückzublicken. In gleicher Weise kann es wirkungsvoller sein, sich die Abwesenheit einer wichtigen Person in Ihrem Leben vorzustellen, als einfach nur die Tatsache zu würdigen, dass diese Person ein Teil Ihres Lebens ist.

Eine Studie hat ergeben, dass es Ihr Glück über einen materiellen Gegenstand mehr steigert, wenn Sie diesen Besitz mental subtrahieren, als wenn Sie einfach nur daran zurückdenken, als Sie ihn gekauft haben.[86]

Die Forschung zu romantischen Beziehungen ergab außerdem, dass diejenigen, die sich vorstellten, ihren Liebespartner nie getroffen zu haben, über größere Befriedigung in ihrer Beziehung berichteten, nachdem sie diese mentale Subtraktionsübung durchgeführt hatten.[87]

Was wäre, wenn Sie in diesem Augenblick Ihre Gesundheit verlieren würden?

Oder, wenn Sie in diesem Moment nicht mehr laufen könnten?

Oder erblindeten?

Wie würde sich das anfühlen?

Denken Sie nun an eine wichtige Person in Ihrem Leben.

Was wäre, wenn dieser Mensch in diesem Augenblick sterben würde?

Oder, was wäre, wenn Sie diese Person überhaupt nicht getroffen hätten?

Wie anders würde Ihr Leben aussehen?

Für mich ist der Gedanke einfach schrecklich, meine Frau nie kennengelernt zu haben. Ich bin sehr traurig, wenn ich über diese Möglichkeit nachdenke, und das hilft mir, die Tatsache wirklich schätzen zu wissen, dass sie ein Teil meines Lebens ist und wir eine liebevolle und innige Beziehung haben.

Im GAIN zu sein bedeutet, alles wertzuschätzen, was in Ihrem Leben existiert, inklusive des Fortschritts, den Sie als Person gemacht haben. Es geht darum, sich selbst an dem zu messen, wo sie vorher waren. Es geht darum, alles in Ihrem Leben *als GAIN* zu sehen.

Eine Herausforderung, der wir uns alle gegenübersehen, besteht darin, dass wir unser Leben für selbstverständlich halten. Deswegen ist mentale Subtraktion so wirkungsvoll.

Indem Sie sich vorstellen, dass die wichtigen Dinge und Menschen in Ihren Leben nicht existieren, können Sie das schätzen lernen, was Sie haben.

Indem Sie sich vorstellen, dass die wichtigen Dinge und Menschen in Ihrem Leben nicht existieren, können Sie wirklich schätzen lernen, was Sie haben.

Indem Sie sich vorstellen, dass Ihre größten Leistungen oder Fortschritte nie aufgetreten sind, können Sie sehen, wie weit Sie tatsächlich gekommen sind.

Statt sich selbst an willkürlichen und sich wandelnden Idealen zu messen, messen Sie sich selbst im GAIN an dem, was Sie in der realen Welt tatsächlich konkret besitzen und erfahren haben.

Nehmen Sie sich Zeit, sich auf die GAINS in Ihrem Leben zu konzentrieren.

Beginnen Sie damit, etwas Wichtiges zu subtrahieren, das Ihnen wichtig ist. Hier sind die Schritte:

1. **Holen Sie** ein Stück Papier und einen Stift.

2. **Wählen Sie** eine bestimmte Sache, die Sie mental subtrahieren: Das kann eine Beziehung sein, eine Leistung, Ihre Gesundheit, ein Besitzstück.

3. **Stellen Sie sich vor**, wie Ihr Leben aussehen würde, wenn Sie dieses eine Ding nie besessen hätten oder, wenn es Ihnen für immer genommen werden würde.
   a. Stellen Sie sich bildlich vor, welche Wirkung das in diesem Moment auf Sie hätte.
   b. Denken Sie darüber nach, wie es Ihre Zukunft beeinflussen würde, diese eine Sache zu verlieren.
   c. Wie würde es andere beeinflussen?

4. **Schreiben Sie auf**, wie sich Ihr Leben ändern würde.

5. **Fokussieren Sie sich** dann auf den Augenblick und diese eine Sache in Ihrem Leben, um die es sich dreht. *Diese eine Sache stellt einen riesigen GAIN in Ihrem Leben dar.*
   a. Wie können Sie diesen GAIN besser wertschätzen lernen, als Sie es bisher getan haben?

   b. Wie können Sie diesen einen GAIN in weitere GAINS verwandeln?
   c. Wie haben sich Ihre Gedanken und Gefühle in Bezug auf diese eine Sache geändert, dadurch, dass Sie diese Übung durchgeführt haben?
   d. Wie zufrieden sind Sie im Moment mit Ihrem Leben im Allgemeinen?

6. **Wiederholen:** Wählen Sie eine andere bestimmte Sache, ein Ereignis, einen Besitz, eine Leistung, die Gesundheit oder eine Person.

Eines Abends, als wir gerade beim familiären Abendessen saßen, haben Lauren und ich mit den Kindern ein Gedankenexperiment durchgeführt und die mentale Subtraktion angewendet.

»Was, wenn wir jedes Mal, wenn ihr in die GAP tappt, wir die Sache beseitigen würden, über die ihr euch beschwert habt?«, fragte ich.

»Beschwert euch übers Skifahren; okay, dann hören wir für den Tag auf.

Beschwert euch über euren iPod; okay, weg ist er.

Beschwert euch darüber, was es zum Abendessen gibt; okay, ihr kriegt keines.

Wenn wir alles beseitigen würden, wegen dem ihr in die GAP fallt, wie viel bliebe euch dann übrig?«

»Nicht viel«, war ihre Antwort.

Es war ein einfaches Gedankenexperiment, aber wir sahen am Gesichtsausdruck der Kinder, dass es ein wirkungsvoller Augenblick war. Sie sind heute viel besser darin, im GAIN und dankbar zu sein.

Denken Sie eine Sekunde darüber nach: *Was, wenn Sie buchstäblich und unverzüglich alles verlieren würden, weshalb Sie in der GAP gelandet sind?*

Sie beschweren sich über Ihren Job: Sie haben ihn verloren.

Sie beschweren sich über Ihr Haus: Weg ist es.

Sie regen sich darüber auf, dass Ihr Kind einen Fehler gemacht hat: Nun sind sie auf Nimmerwiedersehen aus Ihrem Leben verschwunden.

Das bedeutet nicht, dass Sie reale Probleme nicht erkennen. Oder, dass Sie aufhören, Dinge verbessern zu wollen. Es bedeutet einfach, dass Sie die Möglichkeit sehen, möglicherweise die Sache zu verlieren, über die Sie sich beschwert haben oder wegen der Sie frustriert sind, und dann verstehen Sie die Emotion, die dadurch in Ihnen ausgelöst wird.

Dankenswerterweise verlieren wir nicht im wahrsten Sinne die Sache, wegen der wir in der GAP gelandet sind. *Aber wir beschädigen sie.*

Wir beschädigen unsere eigene Erfahrung. Und soweit es andere Leute betrifft, beschädigen wir diese genauso.

Wir begeben uns alle viel zu häufig in die GAP.

Wir treten in die GAP wegen uns selbst, weil wir uns selbst unter Wert verkaufen und uns nicht genug zu schätzen wissen.

Wir begeben uns in die GAP wegen anderen Menschen und machen sie zu einem Problem oder einem Feind.

Es gibt viel zu viele Dinge, über die wir uns beschweren, und vielleicht ist es an der Zeit, mit dem Jammern aufzuhören.

Werden Sie aus der GAP kommen?

## GEBEN SIE SICH FÜNF MINUTEN IN DER GAP, DANN GEHEN SIE WEITER

> »Eine Sache macht es möglich, als Optimist zu leben – man braucht einen Plan B, wenn die Hölle losbricht. Es gibt eine Menge Dinge, über die ich mir keine Sorgen mache, weil ich einen Plan habe, falls genau das passiert.«
>
> – RANDY PAUSCH[88]

Von 1984 bis 1988 spielte Kim Butler Fußball am Principia College. Angesichts der Tatsache, dass Principia ein kleines College war und Frauenfußball eine recht neue Idee, bestand das Team aus mehreren Mädchen, die noch nie zuvor Fußball gespielt hatten.

Weil die meisten Mitglieder der Mannschaft keine erfahrenen Spielerinnen waren, konzentrierte sich der Trainer auf zwei Schlüsselgrößen:

1. Die Einstellung
2. Die Fähigkeit zu rennen … und das über lange Zeit

In den ersten paar Spielen wurde dieses bunt zusammengewürfelte Team von den Gegnern vernichtend geschlagen. Jedes Mal, wenn sie verloren, waren sie emotional am Boden. Aber ihr Trainer hatte eine Regel, die besagte, dass es ihnen nur fünf Minuten lang gestattet war, sich im Selbstmitleid zu suhlen.

Sie hatten fünf Minuten, um in der GAP zu sein, dann mussten sie diese hinter sich lassen.

Es gab keine Umkleidekabinen. Nach den Spielen stiegen also die schlammbespritzten und verschwitzten Spielerinnen und die Trainer in den Bus und fuhren eine Stunde oder auch zwei zurück zum Principia-College.

Der Trainer stellte den Timer auf fünf Minuten.

*»Okay, ihr habt fünf Minuten, um zu schmollen.«*

Der Bus verfiel in Totenstille für diese fünf Minuten, da die Spielerinnen am Boden zerstört waren und deprimiert, weil sie vernichtend geschlagen worden waren.

Nachdem der Fünf-Minuten-Timer abgelaufen war, stellte der Trainer an der Uhr einen Zehn-Minuten-Countdown ein. Die nächsten zehn Minuten mussten die Spielerinnen über bestimmte *gute Sachen* reden, die während des Spiels passiert waren.

Er half ihnen, sich auf die positiven Aspekte zu konzentrieren.

Er löste das GAP-Problem, in dem er sich direkt dem GAIN widmete.

Nachdem der Zehn-Minuten-Countdown abgelaufen war, stellte der Trainer einen Zwanzig-Minuten-Timer. Während der nächsten zwanzig Minuten musste jede Spielerin von einem guten Spielzug berichten, den eine andere Spielerin während des Spiels gemacht hatte.

Nachdem der Zwanzig-Minuten-Timer abgelaufen war, gestattete der Trainer keine weitere Unterhaltung über das Spiel. Er half ihnen, sich selbst in der Rückschau zu bewerten. Nachdem er die Erfahrung als einen GAIN geframt hatte, ließ er die Vergangenheit ziehen.

Keine weiteren Gespräche über das Spiel.

Sich dem nächsten Training widmen.

Während des Trainings gab ihnen der Trainer ebenfalls fünf Minuten, falls sie in die GAP fielen. Wenn eine der Spielerinnen sich niedergeschlagen fühlte, sich wehgetan oder Bammel hatte – dann schickte er sie raus, gab ihr fünf Minuten und ließ sie dann wiederkommen, wenn ersichtlich war, dass keine Spur der GAP mehr vorhanden war.

Indem diese Fußballspielerinnen darauf trainiert wurden, im GAIN zu bleiben und sich auf die wirkungsvollsten Größen zu konzentrieren, die sie kontrollieren konnten (Einstellung und Ausdauer), konnte das Team nach und nach mehr Siege erringen.

Während der ersten Jahreshälfte haben sie tatsächlich alle ihre Spiele verloren. Im zweiten Halbjahr haben sie alle ihre Spiele gewonnen. *Und sie gewannen letztlich die NCAA Division II Championship in diesem Jahr!*

Sie gewannen die Meisterschaft buchstäblich mit einer sehr einfachen Strategie: Sie gestatteten sich fünf Minuten in der GAP und wechselten dann unverzüglich zum GAIN.

Sobald sie ihre Erfahrung als einen GAIN abgespeichert hatten, widmeten sie sich dem nächsten Training, dann dem nächsten und dann dem nächsten Spiel.

Zehn Jahre später wurde Kim erfolgreiche Unternehmerin und leitet eine Finanzberaterfirma. Als sie von der GAP erfuhr, wurde ihr klar, dass sie aufgehört hatte, sich an das Prinzip zu halten, das ihr Fußballtrainer ihr beigebracht hat, was entscheidend für den Erfolg ihres Teams war.

Als junge Unternehmerin hatte Kim sich die schlechte Angewohnheit zu eigen gemacht, sich selbst an ihren stets wachsenden Idealen zu messen.

Ihr wurde klar, wieso sie nicht so glücklich und erfolgreich war, wie sie sein konnte.

Sie bewertete sich nicht in der Rückschau.

Sie war jahrelang in der GAP.

Sie ging dazu über, sie in der Rückschau zu bewerten, im GAIN, und wurde sofort glücklicher, selbstbewusster und erfolgreicher.

Heute basiert ihr gesamtes Konzept der Finanzberatung auf der GAIN-Perspektive.

Statt den Klienten zu helfen, sich auf ein Budget oder ihr Gesamtvermögen zu konzentrieren, beides Größen, die in die Zukunft blicken, hilft sie ihnen, sich darauf zu konzentrieren, wie viel sie gespart haben und wie viel Einkommen sie durch ihre Investments generieren, beides Größen, die sich an der Vergangenheit orientieren.

Kim stellte folgende Fragen:

- Wie viel Geld haben Sie in den vergangenen 90 Tagen gespart, das Ihnen nun für den Notfall oder, um eine Chance zu ergreifen, zur Verfügung steht?
- Wie viel Einkommen haben sie in den vergangenen 90 Tagen durch Ihre Investments verdient?

So wird etwas in der Rückschau bewertet.

Damit konzentriert man sich auf etwas, das konkret ist, und steigert dabei die konkret messbaren Ergebnisse kontinuierlich.

Wie alle anderen landet auch Kim noch in der GAP. Aber sie gibt sich selbst nur fünf Minuten. Sobald die fünf Minuten vorbei sind, wendet sie sich direkt dem GAIN zu.

Nur, wenn man im GAIN ist, kann man voranschreiten.

Im GAIN zu sein, bedeutet, dass man Verantwortung für das eigene Leben übernimmt und das, was am Ende herauskommt. Sie akzeptieren, wer Sie sind, schütteln sich den Staub ab und schreiten voran mit einem Lächeln auf dem Gesicht.

In der Leistungspsychologie gibt es ein Konzept, das als *Implementation Intentions* bekannt ist. Das ist eine Strategie, bei der man für das Schlimmste plant – sodass man Bestleistungen bringen kann.[89]

Mit Implementation Intention können Sie im Speziellen für die Momente planen, wenn etwas scheitert oder nicht so läuft, wie geplant. Sie planen für Hindernisse und Rückschläge. Sie planen auch voraus, wie Sie auf diese Hindernisse reagieren werden.

Wenn Sie zum Beispiel Diät machen, wäre es eine gute Implementation Intention, wenn Sie einen Plan haben, wie sie darauf reagieren, wenn jemand Ihnen Ihr liebstes Junkfood vorsetzt oder wenn Sie gestresst sind und gerne jede Menge Zucker in sich reinstopfen würden.

Das ist eine wirkungsvolle, einfache und hilfreiche Strategie.

## SIE SIND HUNDERPROZENTIG DISZIPLINIERT

»Sie sind hundertprozentig diszipliniert, gemäß Ihren bestehenden Angewohnheiten.«

Forschungen zeigen, dass es Ihre Selbstkontrolle verbessert, wenn Sie Implementation Intention anwenden, selbst in einer ungünstigen Umgebung.[90]

Statt Ihre Willenskraft zu erschöpfen und sich selbst beim Scheitern zu beobachten, haben Sie eine geplante Reaktion parat, die Ihre Entscheidungsfindung nicht mehr von bloßen Schätzungen abhängig macht.

Wenn Sie einen vorgefertigten Plan haben, wie Sie mit einem Hindernis umgehen, werden Sie nicht sofort aus der Bahn geworfen, wenn Sie in einer schwierigen Situation stecken und in Versuchung geraten, Ihre Ziele zu sabotieren.

*Entscheidungsmüdigkeit* tritt auf, wenn Sie nicht mehr sicher sind, was Sie tun sollen. Wenn Sie zwischen verschiedenen Optionen hin- und hergerissen sind und aufgrund von Unentschlossenheit oft der Versuchung nachgeben, sich für die schlechtere Option zu entscheiden.[91] Einen vorgefertigten Plan zu haben, ermöglicht es Ihnen, zielgerichtet vorzugehen und einer Erschöpfung Ihrer Willenskraft vorzubeugen, die durch Entscheidungsmüdigkeit ausgelöst wird.

Sie wissen, was Sie tun werden. Sie haben einen einfachen Plan, der zum Einsatz kommt, wenn Sie vor einer Option stehen, die im Konflikt mit Ihren Zielen steht.

Sie können für jede Situation eine vorher geplante Reaktion haben. Sie müssen sich die Szenarios überlegen und wie Sie im Speziellen reagieren werden.

Ein Beispiel: Sagen wir einmal, Sie versuchen, Ihre Sucht nach Zucker zu überwinden. Sie können eine Reaktion vorherplanen für den Fall, wenn Sie auch nur an Zucker denken. Vielleicht besteht der vorgefertigte Plan darin, in dem Moment, in dem Sie an Zucker denken und ein Bedürfnis danach ausgelöst wird, sich auf den Boden zu begeben und zehn Liegestütze zu machen.

Zu Beginn verfehlen Sie vielleicht ein- oder zweimal Ihr Ziel. Aber wenn Sie die Reaktion folgen lassen, die Sie sich vorher zurechtgelegt haben, werden Sie eher Liegestützen machen, statt Zucker zu essen.

Das Ziel einer Implementation Intention ist, mit der Zeit Ihre vorgefertigte Reaktion zu einer neuen Angewohnheit zu formen und zu einer verbesserten Reaktion auf frühere Auslöser.

Die Fünf-Minuten-Regel des Fußballtrainers war ein wirkungsvolles Beispiel für einen Einsatz von Implementation Intention. Statt zu versuchen, perfekt zu sein und nie in der GAP zu landen, wusste der Trainer, dass seine Spielerinnen wahrscheinlich ab und zu in der GAP landen würden, besonders nach einer Niederlage.

Statt für ideale künftige Szenarios zu planen, hatte der Trainer eine vorhergeplante Reaktion dafür bereit, falls etwas schiefging. Er trainierte seine Mannschaft darauf, den Plan zu kennen, um wieder im GAIN zu sein.

Denken Sie daran, das Ziel ist es nicht, niemals in der GAP zu sein, stattdessen besteht das Ziel darin, so schnell wie möglich wieder herauszukommen.

BJ Fogg, ein Verhaltensforscher an der Stanford University, hat eine revolutionäre Methode entwickelt – genannt Tiny Habits –, die einen einfachen und praktischen Weg darstellt, wie man Implementation Intention anwenden kann.[92] Sie müssen nur eine neue Angewohnheit, die Sie sich aneignen wollen, nach einem alltäglichen Routinevorgang platzieren, den Sie bereits durchführen. Das nennt man das »Tiny-Habit-Rezept«. Hier fünf Beispiele:

- Nachdem ich mich mit einer anderen Person verglichen habe, sage ich zu mir selbst: »Bist du in der GAP oder im GAIN?«
- Wenn ich mich entmutigt fühle, werde ich drei bestimmte GAINS aus den letzten 30 Tagen auflisten.
- Nachdem mir jemand von einem Rückschlag erzählt hat, werde ich sagen: »Welchen GAIN habe ich durch diese Erfahrung?«
- Nachdem mein wöchentliches Teammeeting begonnen hat, werde ich fragen: »Was war gestern Ihr größter GAIN?«
- Wenn ich mein Tagebuch aufschlage, werde ich sofort einen GAIN in meinem Leben aufschreiben.

Nachdem ich ____________________ werde ich ______________________
Nachdem ich ____________________ werde ich ______________________
Nachdem ich ____________________ werde ich ______________________

## WICHTIGES AUS DIESEM KAPITEL

- In der GAP zu sein schafft einen negativen Zinseszinseffekt in Ihrem Leben.
- Im GAIN zu sein schafft einen positiven Zinseszinseffekt in Ihrem Leben.
- Forschungen zeigen, dass glückliche Menschen oft über zehn Jahre länger leben als unglückliche.
- Wie Sie eine Erfahrung bewerten, beeinflusst, wie Ihr Körper diese Erfahrung verarbeitet.
- Etwas sprachlich ausdrücken zu können, ermöglicht Ihnen, es wahrzunehmen und zu nutzen. GAP und GAIN sind ein nützliches Tool, denn es lässt sich in Worte fassen.
- Legen Sie den Finger bei sich selbst in die Wunde, wenn Sie in die GAP gehen.
- Erklären Sie das Konzept GAP und GAIN denjenigen, die Sie lieben, und gestatten Sie Ihnen, den Finger in die Wunde zu legen, wenn Sie sich in die GAP begeben.
- Praktizieren Sie mentale Subtraktion, um sich selbst an die GAINS in Ihrem Leben zu erinnern.
- Kreieren Sie ein Tiny-Habit-Rezept für GAINS, um aus der GAP zu kommen, so wie die Fünf-Minuten-Regel, die der Trainer der Frauenfußballmannschaft genutzt hat.

TEIL 2

# HINEIN IN DEN GAIN

## KAPITEL 4

# IMMER RÜCKWÄRTS MESSEN

## Werden Sie hoffnungsvoller und resilienter

»Sie können nicht das ganze Bild sehen, wenn Sie in die Zukunft blicken; das können Sie nur, wenn Sie nach hinten sehen.«
– STEVE JOBS[93]

Jill vernahm, wie ihre Eltern die Tränen zurückhielten, während sie redete.

»Letztes Jahr lernte Rosie, wie man auf Gras läuft«, sagte Jill.

»Erinnert ihr euch, wie lange wir daran gearbeitet haben?

Erinnert ihr euch, wie unmöglich uns das vorkam?

Ich habe mir gerade ihren Jahresbericht angesehen und erinnerte mich daran, wie weit sie es geschafft hat.

Ich hatte das schon fast vergessen, denn heute läuft sie übers Gras, als wäre es gar nichts!«

Telefonate wie dieses sind Routine, aber auch ein essentieller Teil von Jills Arbeitsalltag.

Oft sind sie emotional aufgeladen.

Jill Bishop ist Physiotherapeutin für öffentliche Schulen, die mit Kindern arbeitet, die schwere mentale und physische Behinderungen haben.

Ihre Patientin, Rosie, hat eine seltene Störung der Hirnfunktion, die man Lissenzephalie nennt oder »smooth brain«. Weite Teile von Rosies

Gehirn sehen glatt aus. Ärzte haben Jill gesagt, dass Kinder mit Lissenzephalie nicht in der Lage sind, etwas zu lernen oder sich zu entwickeln.

Immer wenn sie mit etwas Neuem oder Ungewohnten konfrontiert wird, stößt Rosie hohe, ohrenbetäubende Schreie aus. Jill hört eine Menge Geschrei.

Weil es einem so vorkommt, als würden die Herausforderungen für Rosie nie enden, hatte Jill völlig vergessen, dass Rosie und sie im letzten Jahr beständig daran gearbeitet hatten, dass sie lernt, auf Gras zu laufen. Nach Monaten der Therapie kann Rosie nun leicht über Gras und andere unebene Flächen laufen. Sie haben sich anderen Herausforderungen gewidmet.

Jährliche Bewertungen wurden zu Demut einflößenden und bedeutenden Momenten für Jill. Dadurch, dass sie sich daran erinnerte, wo Rosie vor gerade einem Jahr gestanden hatte, war Jill unmittelbar sehr stolz auf sie.

Ihr wurde klar, dass Rosie zu mehr in der Lage war, als die Ärzte vorhergesagt hatten. Sie hatte in der Vergangenheit Fortschritte gemacht und konnte weitere Fortschritte erzielen und noch über das hinausgehen, wozu sie im Moment in der Lage war.

Mit diesem tiefen Gefühl der Ehrfurcht nimmt Jill das Telefon in die Hand und ruft die Eltern ihrer Klientin an.

Genau wie Jill haben die Eltern schon oft die Meilensteine vergessen, die sie bereits passiert haben. Angesichts der überwältigenden Herausforderungen, denen sich viele dieser Kinder gegenübersehen, kann die Alltagsroutine für jeden anstrengend sein, besonders für die Eltern. Es gibt immer etwas, das sich noch verbessern lässt oder an dem man arbeiten kann.

Aber wenn man sich nicht regelmäßig an die GAINS erinnert, ist es leicht, in der GAP zu landen und die Hoffnung zu verlieren.

Diesen Eltern laufen die Tränen übers Gesicht, wenn sie darüber nachdenken, wo ihr Kind zu Beginn stand, und dass es nun Dinge tun kann, die einst unmöglich schienen.

Jill glaubt, dass es sehr wichtig ist, regelmäßig an die vergangenen GAINS erinnert zu werden. Wenn man keinen Fortschritt sieht, kann man leicht ausbrennen und aufgeben.

Selbst die kleinsten und unbedeutendsten Fortschritte sind, wenn man sie würdigt, der Brennstoff, den die Menschen brauchen, um weiterzumachen.

*»Oh, ja! Sie kann über sich hinauswachsen! Das funktioniert!«*

Daran erinnert zu werden, dass das Kind wachsen kann, ist die Offenbarung, die Jill und die Eltern ihrer Klienten brauchen, um die Hoffnung aufrechtzuerhalten. Ohne Hoffnung ist jede Motivation zerstört.[94] Ohne Hoffnung kann man keinen Purpose oder eine Bedeutung in dem finden, was man tut.

Von Jills Standpunkt aus *ist der Fortschritt das A und O*. Wenn wir als Menschen keinen Fortschritt machen, geben wir uns selbst auf. Wenn wir nicht daran glauben, dass jemand anderes Fortschritte machen kann, geben wir denjenigen auf.

»Man kann den Fortschritt eines anderen nicht beurteilen«, erzählte mir Jill.

In diesen Familien ist es essenziell für Glück und Wohlbefinden, einen internen Referenzpunkt zu haben, um das richtige Maß an Fortschritt für *sie selbst* zu bestimmen. Sonst bewerten Sie sich im Vergleich mit anderen Familien oder Situationen, was leicht zu GAP-Denken und Verzweiflung führen kann.

Lehrkräfte im Bereich der Sonderpädagogik haben häufig Burn-outs und geben auf.[95] Pro Jahr hängen erstaunliche 13 Prozent dieser Lehrer ihren Beruf an den Nagel.[96] Sie lassen das Klassenzimmer doppelt so oft hinter sich wie Lehrer im normalen Bildungsbetrieb.[97] Die Arbeit bringt oft ein hohes Maß an Stress und wenig berufliche Befriedigung mit sich.[98]

Jill glaubt, dass Lehrer oder Therapeuten für Kinder mit besonderen Bedürfnissen, die sich vor allem auf »die Probleme« konzentrieren, sehr viel schneller ausbrennen als ihre Kollegen, die sich auf GAINS konzentrieren.

Regelmäßig den Fortschritt zu sehen und wertzuschätzen, ist der Schlüssel für Jill, um weiter die Motivation für ihre Arbeit zu finden. Weil Sie die GAIN-Perspektive bei jedem ihrer Kinder beibehält, mit denen sie arbeitet, erkennt sie die Fortschritte, die regelmäßig stattfinden und *liebt* ihren Job.

Wenn Sie im GAIN bleiben, werden Sie nicht nur die Motivation finden, Herausforderungen durchzustehen, sondern sie wird sogar gestärkt.

## SIE WACHSEN STETS

»Sie wachsen stets und messen sich selbst anhand dieses Wachstums.«

Im GAIN zu sein, hilft ihnen, den Fortschritt zu erkennen, den jemand in der GAP übersehen würde.

In der Psychologie spricht man von *Unaufmerksamkeitsblindheit*, wenn man so auf etwas fixiert ist, dass man alles andere um sich herum nicht sieht.[99] Man kann leicht die GAINS übersehen, die im eigenen Leben oder im Business auftreten, wenn wir uns möglicherweise mit Tunnelblick nur auf das Problem direkt vor uns konzentrieren.

GAINS zu sehen, gibt einem Hoffnung, Selbstvertrauen und Motivation, weiterzumachen – selbst, wenn der Fortschritt schwierig ist oder langsamer als gewünscht.

## IHR GEHIRN HAT SICH SO ENTWICKELT, DASS ES GAINS VERGISST

»Menschen entwickeln sich stets weiter, und wir glauben fälschlicherweise, dass wir ein fertiges Produkt sind. Die Person, die Sie im Moment sind, ist ein Übergang und ist genauso flüchtig und temporär, wie all die Personen, die Sie jemals waren.«

– DR. DANIEL GILBERT, PSYCHOLOGE AN DER HARVARD UNIVERSITY[100]

Während Menschen lernen, gewöhnen sie sich schnell an das »neue Normal«, selbst wenn das neue Normal sich sehr von unserem vorherigen Leben unterscheidet.

Psychologen nennen das Automatizität – auf diese Weise gehen wir von bewussten Handlungen dazu über, etwas unbewusst zu tun.[101]

Wenn Sie Ihre GAINS nicht dokumentieren, wie es Jill für ihre Klienten tut, werden Sie viele, wenn nicht die meisten ihrer GAINS vergessen.

Wir werden nun einen Blick auf die Forschung zu Lernen und Erinnerung werfen, damit Sie sehen, wieso es so leicht ist, seine GAINS zu vergessen.

Das *Modell der Kompetenzstufenentwicklung*, das im Allgemeinen William Howell[102] zugeschrieben wird, ist eine vierstufige Lerntheorie, die den Prozess der Automatizität erklärt.[103]

Hier eine kurze Zusammenfassung von Howells vier Stufen. Ich habe ein paar Anmerkungen hinzugefügt, die aus der noch frischen Erinnerung daran stammen, wie ich unseren beiden Zwillingen im Kleinkindalter beigebracht habe, aufs Töpfchen zu gehen:

1. **Stufe eins – unbewusste Inkompetenz:** Sie wissen nicht, wie Sie etwas tun sollen, und Sie erkennen nicht einmal Ihre eigene Unwissenheit.[104] In diesem Stadium verneinen Sie die Notwendigkeit, eine bestimmte Fertigkeit zu erlernen. Phoebe und Zorah lieben es, die Windel gewechselt zu bekommen, und rechnen damit, dass dieser Prozess ein fröhlicher Teil ihres Lebens bis zu dessen Ende bleibt. Ihren eigenen Körperfunktionen gegenüber legen sie eine unbeschwerte Unwissenheit an den Tag.

2. **Stufe zwei – bewusste Inkompetenz:** Sie wissen nicht, wie man etwas tut, aber Sie erkennen Ihre Unwissenheit und Ihren Mangel an Fertigkeiten. Sie erkennen den Wert der GAINS im Bereich ihres Wissens und Ihrer Fertigkeiten, die dabei helfen, Ihren aktuellen Mangel zu beseitigen, und Sie streben aktiv nach Wachstum. Wir ziehen Phoebe und Zorah die Windeln aus und lassen sie die Erfahrung machen, welche Schweinerei man ohne die Sicherheit einer Windel anrichten kann. Wir weisen auf den Wert einer Toilette hin.

3. **Stufe drei – bewusste Kompetenz:** Sie wissen eine Menge über das Thema und können verlässlich die damit zusammenhängenden Aufgaben erledigen. Aber Sie müssen sich auf die Aufgabe konzentrieren, während Sie diese verrichten. Phoebe und Zorah wird zunehmend bewusst, wenn sie aufs Klo müssen. »Ich hab' Pipi gemacht!«, wird häufig begeistert ausgerufen, um diesen Umstand zu würdigen. Sie haben gelernt, wie man aufs Klo geht, aber man muss sie noch regelmäßig daran erinnern, eine »Töpfchenpause« zu machen.

4. **Stufe vier – unbewusste Kompetenz:** Sie haben die Aufgabe so häufig eingeübt und erledigt, dass es zur zweiten Natur wurde. Sie können diese Aufgabe nun mühelos und unbewusst erledigen – selbst während Sie etwas anderes tun oder über etwas anderes nachdenken. Phoebe und Zorah haben nun gelernt »aufs Töpfchen zu gehen«. Sie brauchen keine Unterstützung mehr, um aufs Klo zu gehen. Es ist einfach ein Teil des Lebens geworden.

Wenn man die vierte Stufe des Lernzyklus der Kompetenzstufenentwicklung erreicht hat, handelt man in der Welt ganz anders als man es früher getan hat.

Sie haben nun neue Erfahrungen, Perspektiven, Fertigkeiten, Angewohnheiten und Beziehungen, die beeinflussen, wie Sie die Dinge sehen und sich verhalten. Sie können nicht einfach so tun, als würden diese neuen Erfahrungen oder Fertigkeiten nicht existieren und wieder dazu übergehen, die Dinge so zu sehen wie Sie es früher taten. Sie framen Ihre Wahrnehmung und Ihren Entscheidungsfindungsprozess.

Die Vergangenheit und wie wir sie sehen ist eher eine Reflektion davon, wer wir im Moment sind, als eine der Vergangenheit selbst. Wie es der Psychologe Dr. Brent Slife im Buch *Time and Psychological Explanation* ausgedrückt hat (Hervorhebungen von mir):

> »Wir reinterpretieren und rekonstruieren unsere Erinnerung im Lichte dessen, wie unsere mentale Einstellung im Moment aussieht. In diesem Sinne *ist es präziser zu sagen, dass die Gegenwart die Bedeutung der Vergangenheit verursacht, als zu sagen, dass die Vergangenheit die Bedeutung der Gegenwart bewirkt* ... Unsere Erinnerungen sind keine **abgespeicherten** und **objektiven** Entitäten, sondern lebendige Teile von uns selbst in der Gegenwart. Das ist der Grund, wieso unsere aktuelle Stimmung und unsere Ziele für die Zukunft unsere Erinnerung so stark beeinflussen.«[105]

Wenn Sie sich eine Erinnerung ins Gedächtnis rufen, tun Sie das immer aus der Perspektive Ihres aktuellen Selbst.

Psychologen nennen die Erinnerung eine »Rekonstruktion«, weil sie immer basierend auf den aktuellen Ansichten *rekonstruiert* wird, die beeinflussen, wie wir vergangene Ereignisse sehen und wahrnehmen.[106,107,108]

Oliver Wendell Holmes Jr. drückte es folgendermaßen aus: »Ein Geist, der durch eine neue Erfahrung erweitert wird, kann nie wieder die alte Größe einnehmen.«

Aber wieso ist das alles wichtig?

Es ist wichtig, weil man leicht die ehemaligen GAINS »vergessen« kann, wenn man nicht bewusst und zielgerichtet vorgeht.

Sie können vergessen, womit Sie sich früher abgemüht und was Sie überwunden haben.

Sie können es für selbstverständlich halten, wie weit Sie gekommen sind, Ihren Fortschritt ignorieren und den Schub fürs Selbstvertrauen verpassen, der daraus entsteht, sich daran zu erinnern, wo man einst stand.

Deswegen ist es so ungeheuer wirkungsvoll und wichtig, Tagebücher, Aufzeichnungen oder »jährliche Reviews« zu haben. Wie Jill können Sie zurückblicken und sich an die Vergangenheit *erinnern lassen*, die man nur allzu leicht vergisst.

Sie können daran erinnert werden, dass das »normale Leben«, das Sie heute leben, vielleicht den Träumen entspricht – oder sogar darüber hinausgeht –, die Ihr früheres Selbst hegte.

Die Vergangenheit Revue passieren lassen und zu würdigen, wie weit Sie bereits gekommen sind, sorgt dafür, dass Sie im GAIN bleiben.

Indem Sie Ihre GAINS würdigen, wissen Sie nicht nur mehr zu schätzen, wo Sie nun stehen, sondern Sie bringen auch Ihrem vergangenen Selbst größere Wertschätzung entgegen. Sie würdigen alles, was Sie getan haben und die Hindernisse, die Sie überwunden haben.

Ich schreibe schon seit über einem Jahrzehnt Tagebuch. Pro Monat fülle ich eines davon. Seit einigen Jahren beantworte ich auf der inneren Umschlagseite des Tagebuchs immer fünf Fragen.

Diese Fragen ermöglichen es mir, zu sehen, wo ich gerade in diesem Moment stehe, was meine jüngsten GAINS sind und was ich kurzfristig und langfristig zu erreichen versuche.

## BEWEGEN SIE SICH AUF WACHSTUM ZU

»Ihr zunehmendes Verständnis für individuelle Einzigartigkeit schärft Ihr Bewusstsein für alles und jeden, der rigide jedem Wachstum widersteht. Das ermöglicht es Ihnen, Wachstum zu identifizieren und sich darauf zuzubewegen.«

Ich kann vorne in eines meiner Tagebücher sehen und einen Schnappschuss dessen erhalten, wo ich war und auf was ich mich konzentriert habe.

Hier sind die fünf Fragen:

- Wo stehe ich im Moment?
- Was habe ich in den letzten 90 Tagen hinzugewonnen?
- Was will ich in den nächsten 90 Tagen hinzugewinnen?
- Wo werde ich in einem Jahr stehen?
- Wo werde ich in drei Jahren stehen?

Es dauert etwa fünf bis zehn Minuten, bis ich diese Fragen beantwortet habe, immer wenn ich ein neues Tagebuch beginne. Ich beantworte diese Fragen mit etwa fünf bis zehn Stichpunkten pro Frage.

Es ist faszinierend, eines der Tagebücher aufzuschlagen und in zwei Minuten einen Schnappschuss zu erhalten, wo ich war, was meine jüngsten Gewinne waren, und was ich zu diesem Zeitpunkt zu erreichen versuchte.

Die Schnappschüsse Ihres vergangenen Ichs mit Ihrem aktuellen Ich zu vergleichen, bringt Sie schnell in den GAIN.

Erstaunlich ist, dass viele Menschen, die außergewöhnliche Leistungen erbringen, selbst solche, die viele Verehrer haben, sich während ihrer Karriere wie Versager fühlen können, bis sie den radikalen Unterschied zwischen GAP und GAIN verstehen.

So urteilen häufig neue Teilnehmer am Strategic-Coach-Programm, die mindestens 200.000 Dollar verdienen müssen, um sich zu Beginn zu qualifizieren, negativ darüber, wie sie performt haben, seitdem ihre unternehmerische Karriere begann.

Um neuen Mitgliedern bei Strategic Coach von *GAP und GAIN* zu erzählen und sie mit dem Konzept vertraut zu machen, führt Chad Johnson, einer der Teilhaber und Coach, eine Übung mit ihnen durch.

Er bittet jeden in der Gruppe, die Hand zu heben, wenn er sich selbst als »erfolgreich« betrachtet.

*Chad erklärt: Fast immer hebt keiner die Hand.*

Obwohl sie offensichtlich nach äußeren Maßstäben erfolgreich sind, fühlen und betrachten sich diese Entrepreneure nicht als erfolgreich.

Im Gegenteil, viele von ihnen fühlen sich tatsächlich wie Versager.

Sie glauben, sie seien nicht erfolgreich, weil sie noch nicht da sind, wo sie sein wollen.

Aber der wahre Grund, wieso sie sich nicht für erfolgreich halten, besteht darin, wie sie sich und ihren Fortschritt messen.

Wenn keiner die Hände hebt, fragt Chad dann: »Was werden Sie tun, um dieses Problem zu lösen?«

Nachdem sie eine Weile herumsitzen und nachdenken, lauten die Antworten der Gruppe normalerweise:

- »Aufhören, sich Ziele zu setzen?«
- »Nicht mehr versuchen, Großes zu erreichen?«
- »Positiv sein und ›Kumbaya‹ singen?«

Schließlich schreibt Chad auf eine Tafel: ***I.R.M.***

***IMMER.***
***RÜCKWÄRTS.***
***MESSEN.***

Zuerst verstehen die Unternehmer nicht, was das bedeutet.

Chad erklärt: »Es gibt nur eine Art, den Erfolg zu messen. Sie messen Erfolg in der Rückschau, indem Sie einen Blick darauf werfen, wo Sie aktuell stehen im Vergleich zu früher.«

Sie brauchen eine Sekunde, bis der Groschen gefallen ist.

Chad bittet sie dann, an die Zeit zurückzudenken, als sie als Unternehmer angefangen haben. »Wie viele von Ihnen erinnern sich noch daran, als Sie sich das Ziel gesetzt haben: *›Wenn ich 50.000 Dollar im Jahr verdienen könnte, das wäre verflucht großartig!‹*«

Alle Hände recken sich in die Luft.

»Dann passieren Sie diesen Meilenstein und sagen: *›Oh, wenn ich 100.000 Dollar verdienen könnte, das wäre großartig.‹*«

Nachdem er ihnen geholfen hatte, zu sehen und sich daran zu erinnern, wo sie gestartet und wie weit sie schon gekommen waren, half Chad ihnen dabei, ihr gesamtes Leben als GAIN zu reframen.

## DAS PROBLEM IST, WIE SIE MESSEN

»Haben Sie den Eindruck, egal wie erfolgreich Sie sind, stets unzufrieden mit Ihrem Fortschritt zu sein? Fühlt es sich an, als wären Sie immer noch weit davon entfernt, Ihre größten Ziele zu erreichen? Das Problem ist nicht die Quantität oder Qualität Ihres Erfolgs und Ihrer Leistungen. Das Problem ist, wie Sie diese messen.«

»Sehen Sie sich Ihr Team an, Ihre aktuellen Fähigkeiten, Ihre Ziele, Ihren Lebensstil, Ihre Gesundheit und alles andere, das in Ihrem Leben vor sich geht. Ist es nicht erstaunlich – alles, was Sie tun und geschaffen haben?«

Diese Verschiebung ist fundamental und wichtig.

Oft ist diese Einsicht wie ein Schlag in die Magengrube.

Wenn diese Unternehmer realisieren, wie tief sie in der GAP stecken, soweit es sie selbst betrifft und ihr Unternehmen, dann realisieren sie auch, dass sie fast alles in ihrem Leben aus der GAP heraus betrachten.

Sie bemerken, dass sie in der GAP sind, wenn es um ihr Team geht, ihren Partner oder ihre Partnerin und ihre Kinder – denn sie messen sie anhand dessen, *wo sie ihrer Meinung nach sein sollten,* und nicht daran, wo sie früher waren.

Ihnen wird klar, dass sie das Glück zu einem unmöglichen Ideal für sich selbst und alle um sich herum gemacht haben.

Je mehr Sie sich darin üben, Dinge in der Rückschau zu bewerten, desto selbstbewusster und motivierter werden Sie.

Nehmen Sie Don Bradley als Beispiel, der mir Folgendes per E-Mail geschrieben hat, nachdem er die Prinzipien von *GAP und GAIN* angewendet hatte.

Der Betreff der E-Mail lautete: »Don Bradley 2.0«

> »Ich habe die Übung gemacht, die Sie mir beigebracht haben, bei der ich meine Gewinne für das Jahr, den Monat und die Woche aufzähle, und habe sie auf einen *Tag* angewendet. Diese Liste habe ich mehrere Male am Tag mit meinen letzten GAINS aktualisiert ...
>
> Zu sehen, wie viel ich an einem einzelnen Tag erledige, erschafft diese wunderbare Aufwärtsspirale meiner Selbsteffizienz: Es kommt mir vor, **als könne mich nichts stoppen.** Infolgedessen leiste ich sogar noch mehr ...
>
> Das ist vermutlich DIE effizienteste Leistungssteigerung, die ich in *meinem ganzen Leben* gesehen habe, und sie stammt daher, dass ich meine täglichen Ziele verfolge, die auf einer Linie mit

meinem künftigen Ich liegen, und dann während und am Ende eines Tages meine Gewinne aufzähle!«

Im GAIN zu sein ist die wirkungsvollste Art, sich selbst und das eigene Leben zu bewerten.

Wenn Sie im GAIN sind, werden Sie sehen, dass Sie all Ihre Zeit wirkungsvoll investieren.

Im GAIN zu bleiben, ermöglicht es Ihnen, weiterhin Ihre Zeit besser zu nutzen und wirkungs- sowie bedeutungsvollere GAINS zu kreieren.

Der GAIN ermöglicht es Ihnen, Ihr Leben zu leben, ohne etwas bedauern zu müssen.

Sie erhalten die Kontrolle über Ihren eigenen Fortschritt und Ihre Erfahrungen.

Der GAIN schafft unmittelbar Selbstvertrauen und Energie.

*Vergessen Sie nicht Ihre Vergangenheit.*

Bewerten Sie immer, indem Sie nach hinten sehen.

## JETZT SIND SIE AN DER REIHE: MESSEN WIR IHRE GAINS!

»Die einzige Methode, die Entfernung zu messen, die Sie bereits zurückgelegt haben, besteht darin, von der Stelle aus zu messen, an der Sie stehen, bis zu dem Punkt, von dem aus Sie gestartet sind.«

– DAN SULLIVAN

Sind Sie derselbe Mensch, der Sie vor zehn Jahren waren?

Sind Ihre Interessen und Prioritäten dieselben?

Daniel Gilbert, Psychologe an der Harvard University, hat herausgefunden, dass Menschen, wenn sie sich Zeit nehmen, über ihr früheres Selbst nachzudenken, realisieren, dass sie nicht mehr dieselbe Person sind, die sie vor zehn Jahren waren.[109,110]

Vor etwa 15 Jahren, als ich 18 Jahre alt war, lebte ich im Haus meines Cousins, schlief auf der Couch und spielte über 15 Stunden am Tag *World of Warcraft*, um dann den Rest der Zeit zu schlafen.

Damals bewertete ich Erfolg daran, wie viel Fortschritt ich mit meinem Charakter im Spiel gemacht hatte.

Ich hatte keine Arbeit.

Einen Doktorgrad und die sechs Kinder, die ich heute habe, hatte ich natürlich auch nicht.

Ich war kein Unternehmer und hatte auch nie vorgehabt, einer zu werden.

Ich hätte damals nie vorhersagen können, wo ich heute stehe.

Mit der Zeit haben sich meine Vorlieben, Perspektiven und Ziele verändert.

Wie ich Erfolg messe, hat sich ebenfalls verändert.

Das Gleiche gilt auch für Sie. Sie sind nicht derselbe Mensch, der Sie vor zehn Jahren waren. Sie haben sich weiterentwickelt und verbessert. Heute sehen Sie die Dinge anders als Ihr früheres Ich.

Sie sagen »Nein« zu Dingen, zu denen Sie früher »Ja« gesagt haben.

Mein früheres Ich hat zum Beispiel »Ja« dazu gesagt, über 15 Stunden am Tag *World of Warcraft* zu spielen. Mein gegenwärtiges Ich sagt »Nein« dazu, da es heftig damit kollidieren würde, wie ich heute Erfolg messe.

Es ist an der Zeit, Ihre GAINS zu messen.

Holen Sie Ihr Tagebuch heraus. Lassen Sie sich Zeit. Irgendwann wird es zu einer Angewohnheit werden, Ihre GAINS zu messen – etwas, das Sie jeden Tag tun.

Fangen wir fürs Erste damit an, ungefähr zehn Jahre zurückzugehen.

Wo waren Sie vor zehn Jahren?

Worauf haben Sie sich konzentriert?

Wie haben Sie damals Erfolge gemessen?

Wie hat sich Ihre Situation verändert?

Was wissen Sie heute, das Sie damals nicht gewusst haben?

Was waren einige der wichtigsten Lektionen, die Sie in den letzten zehn Jahren gelernt haben?

Was waren einige der größten Leistungen seit damals?

Während Sie über diese Fragen nachdenken, ist es vielleicht am einfachsten, mit einer Liste von Stichpunkten anzufangen.

Machen Sie es nicht zu kompliziert.

Das Wichtigste ist, daran zu denken, dass GAINS nicht nur äußerliche Leistungen sind, sondern *jede Form von Wachstum oder Fortschritt.*

Zu diesen GAINS können auch Erfahrungen gehören – wie Urlaub oder auch wirklich herausfordernde Ereignisse, an denen Sie gewachsen sind –, Lektionen, die Sie gelernt haben, und Beziehungen, die Sie aufgebaut haben.

Aber, um die Wirkung dieser Erfahrung zu maximieren, sollten Sie so spezifisch wie möglich sein, wenn es darum geht, Ihre GAINS aufzulisten.

Wie Dan erklärt:

> »Ich habe festgestellt, dass Menschen, die ihre Leistungen messen und dabei spezifisch sind, glücklicher und energiegeladener sind, als die Menschen, die in Verallgemeinerungen reden und denken. Jemand, der auf eine Frage à la ›Wie läuft es?‹ eine Antwort wie ›Sieht ganz gut aus‹ gibt, der stellt keine echte Verbindung zu dieser realen Erfahrung her.
>
> Aber wenn Sie über spezifische Fakten nachdenken bei der Einschätzung Ihrer Situation, dann verankert das Ihr Gefühl in der Realität.
>
> Wenn Sie zum Beispiel sagen ›Dieses kürzlich abgeschlossene Projekt hat zehnmal so viel Geld eingebracht wie letztes Jahr‹, so ist das ein großer Unterschied zu der Aussage ›Dieses Projekt lief ganz gut‹. Wenn Sie in der Welt der Verallgemeinerungen arbeiten, kann man leicht verwirrt sein, was wirklich vorgeht, und Ihre Gefühle über Ihre Leistungen werden vage und unklar sein.«

Hier einige meiner spezifischen GAINS während der letzten zehn Jahre:

- Ich habe meine Traumfrau, Lauren, geheiratet.
- Gemeinsam haben wir drei wunderbare Kinder adoptiert, die vorher bei Pflegeeltern lebten.
- Wir bekamen noch drei weitere Kinder nach jahrelangen Unfruchtbarkeitsbehandlungen und jeder Menge Gebeten.
- Ich konnte meinen Bachelor in Psychologie machen, sowie meinen Master und Doktor in Organisationspsychologie.
- Ich setzte auf mich selbst und verfolgte mein Ziel, professioneller Schriftsteller zu werden. Ich habe drei erfolgreiche Bücher veröffentlicht, die gemeinsam mehrere hunderttausend Mal verkauft wurden.
- Ich habe in den vergangenen zehn Jahren Hunderte Bücher gelesen und meine Einstellung zu Geld und Wirtschaft komplett geändert.
- Ich vertraute darauf, dass ich es schaffen konnte, und wurde Unternehmer und habe seitdem ein außergewöhnliches Team aufgebaut, das mich und meine Arbeit unterstützt – und wir helfen tatsächlich Tausenden Menschen dabei, ihr Leben zu verbessern.
- Ich habe über eine Million Dollar an meine Kirchengemeinde gespendet.
- Ich bin ein besserer, mitfühlenderer und fürsorglicherer Mensch geworden, als ich es vor zehn Jahren war.

Der letzte Stichpunkt ist ein wenig allgemein gehalten, deshalb folgt hier noch eine spezifischere Darstellung, »auf welche Weise« ich empathischer und fürsorglicher geworden bin, als ich es vor zehn Jahren war:

- Ich reagiere weniger heftig, wenn meine Kinder sich streiten.
- Ich gestehe offen meine eigene Unwissenheit ein und bin bereit, meine Ansichten zu überdenken.
- Ich beurteile Menschen, die anders sind als ich, nicht als »falsch« oder »schlecht«.

## DIE EINZIGE ART ZU MESSEN

»Die einzige Art, die Entfernung zu messen, die Sie zurückgelegt haben, besteht darin, von Ihrem jetzigen Standpunkt rückwärts bis zu Ihrem Startpunkt zu messen.«

Diese Liste könnte ich noch fortführen. Aber sie soll nur ein Beispiel sein, also beende ich sie an dieser Stelle.

Wenn Menschen das erste Mal vom GAIN hören, kann es manchmal schwierig für sie sein, ihre GAINS zu sehen oder wertzuschätzen.

Die meisten von uns haben sich selbst darauf trainiert, Komplimente abzutun und nie den eigenen Fortschritt zu würdigen.

Je mehr Sie sich darin üben, desto spezifischer werden Sie, wenn es darum geht, Ihre GAINS zu sehen, zu würdigen und zu framen.

Aber Sie werden außerdem in der Lage sein, unzählige GAINS sogar in den kleinsten Erfahrungen zu sehen. Zum Beispiel werden Sie an den Punkt gelangen, an dem Sie Dutzende GAINS an einem einzigen Tag auflisten können – wie etwa, aufzuwachen, mit einem Freund joggen zu gehen und so weiter.

Fürs Erste sollten Sie in Ihrer Stichpunktliste mit den größten GAINS der letzten zehn Jahre, die Ihnen einfallen, anfangen.

Nachdem Sie Ihre Liste an GAINS der letzten zehn Jahre gemacht haben, schrumpfen Sie den Zeitrahmen. Was ist mit den letzten drei Jahren?

Wo waren Sie vor drei Jahren?

Worauf haben Sie sich zu der Zeit konzentriert?

Wie haben Sie vor drei Jahren Erfolg gemessen?

Was wissen Sie heute, das Sie vor drei Jahren noch nicht wussten?

Wie haben sich Ihre »Standards« verbessert?

Mit anderen Worten, wozu haben Sie »Ja« gesagt – was Einkommen, Beziehungen, wie Sie Ihre Zeit verbringen, Ihre Angewohnheiten angeht –, zu dem Sie heute »Nein« sagen?

Wie Sie es beim zehnjährigen Zeitrahmen getan haben, sollten Sie eine stichpunktartige Liste all Ihrer spezifischen GAINS der letzten drei Jahre machen.

Diese GAINS beinhalten ALLE ARTEN an Fortschritt und Wachstum – konkrete Leistungen, Erfahrungen, Beziehungen, gelernte Lektionen und so weiter.

Hier sind einige meiner spezifischen GAINS der letzten drei Jahre:

- Wir sind von Clemson in South Carolina nach Orlando in Florida gezogen, wo wir aktuell wohnen.
- Lauren hat unsere Zwillinge und unseren Sohn Rex auf die Welt gebracht.
- Ich habe eine Menge mehr Zeit und Energie in unsere älteren Kinder investiert. (Habe sie zu Sportarten ermutigt und ihre Veranstaltungen und Spiele besucht; habe sie auf Reisen mitgenommen; habe wertvolle Zeit mit ihnen verbracht.)
- Ich habe meinen Doktor gemacht.
- Ich habe ein zweites Haus gekauft, das als mein Vollzeitbüro dient, um zu schreiben und zu filmen (ein großer Schritt nach vorne, im Vergleich zur Heimarbeit mit sechs Kindern.)
- Ich habe zwei Bücher veröffentlicht: *Personality Isn't Permanent* und *Who Not How* (dt.: *Frag nicht wie – frag wer!*).
- Ich habe mein Einkommen verdreifacht, wurde sehr viel besser im Umgang mit Geld und begann regelmäßig, in unsere langfristige Zukunft zu investieren.

Lassen Sie uns das noch etwas genauer betrachten.

Machen Sie eine stichpunktartige Liste all Ihrer GAINS im letzten Jahr.

Der britische Philosoph Alain de Botton sagte: »Jeder, dem es nicht peinlich ist, wer er vor einem Jahr war, lernt vermutlich nicht genug dazu.«

Um das deutlich zu machen, es ist GAP-Denken, durch das frühere Ich »peinlich berührt« zu sein. Es gibt keinen Grund, *irgendwelche* negativen Emotionen in Bezug auf Ihre Vergangenheit zu haben oder Energie darauf zu verschwenden.

Der GAIN ermöglicht es Ihnen, jede Erfahrung, die Sie hatten, als positiv zu sehen.

Die Wahrheit ist, Sie sind nicht dieselbe Person, die Sie in der Vergangenheit waren. Ihr ehemaliges Selbst wusste nicht das, was Sie heute wissen. Sie sahen die Dinge nicht so klar, wie Sie es heute tun.

Lieben Sie Ihr früheres Selbst.

Bringen Sie ihm Empathie, Mitgefühl und Respekt entgegen.

Es stand in einem anderen Kontext, als Sie es heute tun.

Es hatte eine andere Perspektive.

Es hatte eine andere Peergroup, als Sie sie heute haben.

Es hatte nicht das Wissen, die Tools oder die Skills, die Sie heute haben.

Ich habe das Zitat von Alain de Botton zitiert, weil es einen vortrefflich daran erinnert, dass man stets seinem früheren Selbst entwachsen sollte.

*Machen Sie immer GAINS.*

Wo wir schon dabei sind:

- Wo waren Sie vor einem Jahr?
- Worauf haben Sie sich damals konzentriert?
- Wie hat sich Ihr Leben verändert und verbessert?
- Was wissen Sie heute, das Sie damals nicht gewusst haben?
- Wie hat sich Ihr »Maß an Erfolg« in den letzten zwölf Monaten verbessert?
- Was messen Sie heute, das Sie früher nicht gemessen haben?

Machen Sie eine stichpunktartige Liste.

Wenn ich mir genauer ansehe, was vor einem Jahr war, bin ich erstaunt, wie sehr sich mein eigenes Leben verändert hat. Hier sind einige der GAINS der letzten zwölf Monate:

- Wir haben Hunderttausende Exemplare von *Personality Isn't Permanent* und *Who Not How* verkauft.
- Mein sechstes und damit letztes Kind wurde geboren.
- Lauren und ich haben eine Haushaltshilfe engagiert, die 20 Stunden die Woche aushilft.
- Unsere Familie hat bei einem großen Familienausflug Mt. Rushmore gesehen.
- Ich habe endlich meinen YouTube-Kanal gestartet, etwas, das ich schon seit fünf Jahren tun wollte.

## WIE MAN VORANKOMMT

»Wie viel Sie in der Zukunft erreichen, hängt davon ab, wie Sie in der Vergangenheit Ihre Leistungen gemessen haben. Sie können nicht voranschreiten und wachsen, bis Sie anerkennen, wie weit Sie schon gekommen sind und Ihre GAINS korrekt gemessen haben.«

- Ich habe mein Highend-Coaching-Programm lanciert, das meinem Unternehmen mehrere hunderttausend Dollar im Jahr zusätzlich einbringt. Dieses neue Programm hat dafür gesorgt, dass mein gesamtes Team und ich uns weiterentwickelt haben; es hat uns gezwungen, mutiger zu werden, alles besser zu durchdenken und die Qualität unserer Dienstleistungen für unsere Klienten zu verbessern.
- Ich habe mir viele ungesunde Dinge abgewöhnt, die ich »brauchte« und sie durch gesündere Dinge ersetzt, die ich »will«.

Okay, noch ein letztes Mal. Sehen wir uns das genauer an.

- Was waren Ihre GAINS in den letzten 90 Tagen?

Josh Waitzkin, früheres Schachwunderkind und Autor von *The Art of Learning*, stellte sich alle 90 Tage diese Frage: »Was habe ich vor drei Monaten geglaubt, das ich heute nicht mehr glaube?«[111]

Er nutzt diese Frage als Stichwortgeber für einen Tagebucheintrag und macht sich tiefgehend Gedanken darüber. Sein Ziel ist es, immer weniger »falsch zu liegen«.

Waitzkin ist im GAIN.

Adam Grant, der Organisationspsychologe, Professor an der Wharton und Bestsellerautor, hat eine Menge Zeit damit verbracht, das zu studieren, was er »die Freude, unrecht zu haben« nennt.[112]

In einer kürzlich geführten Unterhaltung mit Dr. Daniel Kahneman, dem Psychologen und Nobelpreisträger, fragte Grant, wie er im Lauf seiner Karriere damit umging, von anderen »widerlegt« zu werden.[113]

»Ich liebe es«, antwortete Kahneman.

Während dieser Unterhaltung diskutierten sie auch über Kahnemans Bestseller *Schnelles Denken, langsames Denken*, der auf seiner Forschung basierte, für die er den Nobelpreis erhielt.[114]

»Halten Sie immer noch alles für richtig, was Sie in diesem Buch geschrieben haben?«, fragte Grant.

»Nein, tue ich nicht, *und ich bin sehr froh darüber*. Denn ich liebe es zu lernen.«

Kahneman ist im GAIN.

Grant ist im GAIN.

Alle 90 Tage können Sie Ihr Leben ändern. Sie können verbessern, wie Sie denken, wie Sie die Dinge sehen und wie Sie leben.

Sie erhalten Updates für Ihr iPhone, damit es besser funktioniert.

Sie können auch regelmäßige Updates für Ihr Mindset erhalten, Ihre Perspektive und dafür, wie Sie Ihren Erfolg messen.

Holen Sie wieder einmal Ihr Tagebuch heraus und listen Sie die GAINS auf, die Sie in den letzten 90 Tagen gemacht haben. Listen Sie auf, was Sie konkret geleistet haben. Aber schreiben Sie auch auf, wie sich Ihr Denken, Ihre Prioritäten und Ihre Ziele weiterentwickelt haben.

- Welchen wichtigen Fortschritt haben Sie in den vergangenen 90 Tagen gemacht?
- Welche Lektionen haben Sie gelernt?
- Was hat Sie in den letzten 90 Tagen stolz gemacht?

Hier einige meiner *spezifischen GAINS* aus den letzten 90 Tagen:

- Ich beendete die Arbeitsbeziehung zu meinem Literaturagenten, die gewaltige GAINS in meinem Leben geschaffen hatte, aber nicht mehr länger sinnvoll war.
- Ich feuerte meinen vorherigen Verleger und beendete einen wenig vorteilhaften Buchvertrag.
- Ich unterzeichnete einen Vertrag über vier Bücher mit Hay House, dem herausragenden Verleger dieses Buchs.
- Ich habe dummerweise eine Menge Geld in Kryptowährung investiert und sofort die Hälfte davon verloren. Daraus lernte ich, dass ich nicht aufgrund von Emotionen und Hype investieren, sondern mich an eine langfristige Strategie halten sollte.
- Unser mittlerer Sohn ist fünf Tage ins Space Camp nach Alabama gefahren.
- Wir haben für nächsten Sommer einen Familienurlaub nach Europa gebucht.

- Ich bin fünf Tage die Woche unter Anleitung eines Trainers gelaufen.

Wenn Sie all diese Übungen durchlaufen haben, glauben Sie vielleicht, dass es unangenehmen ist, Ihre GAINS anderen mitzuteilen. Viele Menschen, inklusive derjenigen, die Höchstleistungen bringen, erzählen nicht gerne anderen von ihrem Fortschritt. Das ist ein Nebenprodukt der GAP-Kultur, in der wir leben und in der man sich stets mit anderen vergleicht und im Wettkampf steht.

Sie können fürs Erste Ihre GAINS in einem Tagebuch für sich behalten.

Aber im GAIN zu sein, hat nichts mit Angeberei oder Vergleichen zu tun. Das Ziel des GAINS ist es, den eigenen konkreten Fortschritt spezifisch und aufrichtig zu messen und anderen zu helfen, ihren Fortschritt ebenfalls besser zu messen.

Unterstützende und motivierende Menschen um sich herum zu haben, um seine GAINS mit ihnen zu teilen, kann gewaltige Auswirkungen haben. Es ist aufregend, seine GAINS mit anderen zu teilen und von den GAINS anderer Menschen zu hören, solange man sich nicht vergleicht oder im Wettstreit steht.

Nachdem Sie nun in diesem Kapitel geübt haben ihre GAINS zu messen, sollten Sie weiterhin Ihre GAINS auf einer monatlichen oder wöchentlichen Basis messen. Das wird Ihr Selbstvertrauen und Ihre Motivation mit der Zeit dramatisch steigern.

Im nächsten Kapitel lernen Sie, wie man seine TÄGLICHEN GAINS misst, was dafür sorgen wird, dass Sie im GAIN bleiben und anhaltend gewaltige Energien freisetzen.

## WICHTIGES AUS DIESEM KAPITEL

- Sie können unglaublich leicht Ihre GAINS vergessen, denn Erinnerungen werden immer in der Gegenwart, basierend auf Ihrer aktuellen Perspektive, rekonstruiert.
- Ein Tagebuch zu führen oder jährlich eine strukturierte Rückschau durchzuführen, ist sehr wirkungsvoll, denn es gestattet Ihnen, sich wieder in den Kontext Ihres früheren Ichs einzuklinken und die massiven GAINS zu sehen.
- An die allzu leicht vergessene Vergangenheit erinnert zu werden, steigert die Hoffnung, die Motivation und die Widerstandskraft.
- Sie sind nicht die genau gleiche Person, die Sie in der Vergangenheit waren. Sie haben sich weiterentwickelt und sind gewachsen, selbst in den vergangenen 90 Tagen.
- Nehmen Sie sich regelmäßig Zeit, Ihre GAINS in verschiedenen Zeitrahmen zu messen.
- Messen Sie immer in der Rückschau.

## KAPITEL 5

# DREI GAINS PRO TAG

## Nutzen Sie die produktivste Stunde des Tages

»Nur wonach unser Gehirn sucht, sehen unsere Augen und hören unsere Ohren.«
– DAN SULLIVAN

Es gibt eine bestimmte Stunde – der »Sweetspot« Ihres Tages –, die den größten Einfluss auf Ihren kurzfristigen und langfristigen Erfolg hat.

Was Sie während dieser einen Stunde tun, hat Auswirkungen, die weit über das hinausreichen, was Sie mit den anderen Stunden des Tages anfangen.

Sie bestimmt, wie produktiv und zielgerichtet Sie sind, und beeinflusst, wie gut Ihr Gehirn arbeitet.

Wenn Sie diese eine Stunde wirkungsvoll nutzen, werden die nächsten 24 von Erfolg gekrönt sein.

Wenn Sie es nicht tun, sind sie verschwendet.

Für die meisten Menschen ist *die letzte Stunde ihres Tages* eine GAP-Stunde, in der sie sich von Medien ablenken lassen oder sich mit zu viel Essen vollstopfen.

Aber die ***letzte Stunde des Tages*** kann eine GAIN-Stunde sein – eine, die einen positiven Einfluss auf Ihren Schlaf und auf den ganzen nächsten Tag hat.

## ES GIBT KEINE SCHULDZUWEISUNGEN

»Niemanden trifft eine Schuld, wenn Sie bisher in der GAP waren. Selbst wenn Sie in einem Haushalt aufgewachsen sind, der GAIN-orientiert war, können Sie leicht von der Kultur, die Sie anderweitig umgeben hat, das GAP-artige Denken aufgeschnappt haben. Schließlich ist es für die meisten Menschen kontraintuitiv, rückwärts zu messen.«

Was Sie während der Stunde vor dem Zubettgehen tun – dem »Sweetspot« –, ist von entscheidender Bedeutung.

Was Sie vor dem Schlafengehen tun, wird in Ihrem Langzeitgedächtnis verankert.[115] Während Sie schlafen, verarbeitet Ihr Gehirn alles, was Sie an diesem Tag erlebt haben.

*Aber nicht in gleicher Weise.*

Deswegen visualisieren Topathleten – wie Michael Phelps, der erfolgreichste Olympiasportler aller Zeiten – vor dem Zubettgehen ihren Erfolg.

Kayla Harrison, die zwei Mal olympisches Gold im Judo gewonnen hat, sagte: »Jede Nacht visualisiere ich mich selbst, wie ich die Olympischen Spiele gewinne, wie ich auf dem Podium ganz oben stehe, die Nationalhymne höre und sehe, wie die amerikanische Flagge gehisst wird.«

Was Sie während der Stunde vor dem Einschlafen tun, beeinflusst die Stimmung *Ihres gesamten Lebens.*

In diesem Moment werden Ihre am tiefsten verankerten Angewohnheiten geformt.

Wie Sie Ihren Tag beenden, bestimmt nicht nur, wie gut Sie schlafen.

Es diktiert auch, wann Sie aufwachen.

Es bestimmt, wie klar und zielgerichtet Sie sind, wenn Sie wach sind.

Es bestimmt, wie engagiert und überzeugt Sie von dem sind, was Sie tun und wer Sie am nächsten Tag sein werden.

Es definiert, wie effektiv und aufgeweckt Sie am nächsten Tag sein werden.

Wenn Sie Ihren Tag mit schlechten Angewohnheiten und ohne einen festgefassten Plan beenden, beeinträchtigen Sie die nächsten 24 Stunden. Ohne einen eindeutigen und festgefassten Plan, werden Sie nur auf das reagieren, was um Sie herum vorgeht und auf Ihren eigenen Mangel an Energie.

Auf etwas zu reagieren, führt zu weiterer Reaktivität.

Forschungen zeigen, dass 96,9 Prozent der Menschen in der Stunde vor dem Zubettgehen ihr Smartphone nutzen und 90,8 Prozent *nutzen es direkt vor dem Einschlafen, während sie schon im Bett liegen.*[116,117] Selbst wenn Sie erfahren haben, wie schlecht es für den Schlaf ist, ein LED-beleuchtetes Display vor dem Schlafen zu verwenden, und dass es den zirkadianischen

Rhythmus beeinflusst – so zeigt die Forschung –, *sind vielen Leuten diese schädlichen Auswirkungen egal.*[118,119,120]

Smartphone-Abhängigkeit ist weit verbreitet. Sie führt zu Schlafprokrastination.[121] Der Zyklus aus Scrollen und Starren kann auf gefährliche Weise die morgige Produktivität und Kreativität mindern.

Direkt vor dem Einschlafen auf das Handy zu starren, ist eine der schlechtesten Angewohnheiten, der Sie nachgehen können, wenn Sie Ihr Leben effektiv, mit voller Präsenz und glücklich gestalten wollen. Es hat einen negativen Einfluss auf Ihre Identität und Ihr Mindset.

Ihre Identität entspricht Ihrem Selbstbild, und das ist der Motivator Ihres Verhaltens.[122,123]

Aber Ihr Verhalten beeinflusst auch Ihre Identität.[124] Psychologen verwenden den Begriff *Selbstsignalisierung*, was bedeutet, dass man sich selbst anhand seines Verhaltens beurteilt.

Wenn Sie einen Donut essen, werden Sie sich selbst als jemanden beurteilen, der Donuts isst.

Wenn Sie früh aufstehen und ins Fitnessstudio gehen, sehen Sie sich selbst als jemanden, der früh aufsteht und ins Fitnessstudio geht. Daher führen Verhaltensweisen zu Selbstsignalisierung.

Jedes Verhalten kann zur Sucht werden.

Jedes Verhalten fördert seine eigene Wiederholung.

Wenn Sie auf Facebook gehen und gedankenlos herumscrollen, steigt die Wahrscheinlichkeit, dass Sie es in der Zukunft wieder tun.

Wenn Sie Geld in Ihre langfristige Zukunft investieren, selbst kleine Beträge, ist es wahrscheinlicher, dass Sie dieses Verhalten in der Zukunft fortführen.

Wenn Sie den Nachmittag in einer Obdachlosenunterkunft an der Essensausgabe verbringen, werden Sie mit höherer Wahrscheinlichkeit dieses Verhalten wiederholen.

In einem Podcast-Interview mit Tim Ferriss erklärte Josh Waitzkin, wie wichtig es ist, eine »proaktive Tagesarchitektur im Vergleich zu einer reaktiven Tagesarchitektur« zu haben.[125]

Damit meint er Folgendes: Ihr Tag kann proaktiv gestaltet sein – also *von Ihnen* –, statt reaktiv gestaltet zu werden –, wenn Sie von einer Ablenkung zur nächsten springen.

## WIE MAN SPRINGT

»Während Sie voranschreiten, werden neue Ziele es erforderlich machen, dass Sie auf ein höheres Niveau von Selbstvertrauen und Fertigkeit springen, aber das haben Sie bereits hinter sich, ein ums andere Mal. Um sich selbst daran zu erinnern, müssen Sie nur auf verschiedene Startpunkte zurückblicken und dann auf Ihre damit korrespondierenden Leistungen.«

Ihr Tag kann so eingerichtet werden, dass Sie *innerhalb* dieses Tages auf freie und proaktive Weise leben können, statt stets nur von zufälligem Input oder einer externen Agenda reaktiv mal hierhin und mal dorthin getrieben zu werden.

In den Stunden vor dem Zubettgehen, nimmt sich Josh Zeit, um über die wichtigsten Fragen nachzudenken, die er beantworten will, oder ein Problem, das er zu lösen versucht. Dann schläft er darüber, und am nächsten Morgen, »Prä-Input«, meditiert er und schreibt Tagebuch über dieselbe Frage oder das Problem, an das er am vorherigen Abend gedacht hat.

Forschungen zeigen, dass Kreativität direkt nach dem Aufstehen besonders fruchtbar ist, besonders nach einem REM-basierten, qualitativ hochwertigen Schlaf.[126,127,128,129]

Während Waitzkin am Morgen in sein Tagebuch schreibt, kommen ihm blitzartige Einsichten und kreative Durchbrüche.

Er ist in der Lage, auf die unterbewusste Integration und die Verbindungen zuzugreifen, die sein Gehirn verarbeitet und entwickelt, während er schläft.

Wie es Thomas Edison ausgedrückt hat: »Gehe nie zu Bett ohne eine Frage an dein Unterbewusstsein.«

In den vergangenen fünf Jahren habe ich mit diesen Ideen experimentiert. Als ich Doktorand an der Clemson University war, sah meine abendliche und morgendliche Routine wie folgt aus:

- 30 – 60 Minuten vor dem Zubettgehen schrieb ich 5 – 10 Minuten in mein Tagebuch. Ich verfasste eine To-do-Liste dessen, was ich am nächsten Tag erreichen wollte. Ich skizzierte auch ein paar Ideen für einen Blogeintrag, den ich am nächsten Morgen schreiben wollte.
- 7 – 8 Stunden Schlaf.
- Aufstehen, etwas trinken und sofort ins Fitnessstudio gehen – normalerweise um 5 Uhr früh, denn das Fitnessstudio der Clemson University öffnete um 5:30 Uhr.
- Vor dem Fitnessstudio parken und etwa 10 – 15 Minuten in mein Tagebuch schreiben, bevor ich ins Fitnessstudio gehe. Ich schrieb über das, was ich an diesem Tag erreichen wollte, und skizzierte wei-

ter den Artikel, den ich an diesem Morgen schreiben wollte. Ich schrieb auch meine langfristigeren Ziele auf und alles andere, das mir zufällig in den Sinn kam.

- 30 – 45 Minuten Work-out, während ich ein Audiobuch höre.
- Vor dem Unterricht 30 – 90 Minuten einen Blogeintrag schreiben.
- Unterricht, Meetings und allerlei Beschäftigung zwischen 9 Uhr früh bis 3 Uhr nachmittags.
- Heimgehen und etwas mit meiner Frau und den – damals drei – Pflegekindern machen.

Indem ich dieser Alltagsroutine zwei bis drei Jahre folgte, war ich in der Lage, Hunderte Blogposts an den Vormittagen vor dem Unterricht zu schreiben. Diese Blogeinträge wurden über 100 Millionen Male gelesen, was es mir ermöglichte, eine große E-Mail-Verteilerliste anzulegen und noch vor dem Abschluss meiner Doktorarbeit ein veröffentlichter Autor zu werden.

Ich glaube fest an den Nutzen, den Tag zu planen und am Abend vorher darüber nachzudenken, was man erreichen will. Bevor Sie dann am Morgen aufs Handy sehen, sollten Sie sich etwas Zeit geben, zu meditieren und Tagebuch zu schreiben über Ihre Ziele und darüber, was Sie zu erreichen versuchen.

Ihr Gehirn ist direkt nach dem Aufstehen unglaublich energiegeladen.

*Aber wenn Sie nicht die Stunde des »Sweetspots« anzapfen, werden Sie diese Energie nicht nutzen können.*

Wenn Sie reaktiv ins Bett gehen, werden Sie auch reaktiv aufwachen.

Und das ist der von unserer Kultur akzeptierte Normalzustand.

Das Letzte, was die meisten Menschen machen, bevor sie einschlafen, ist, aufs Handy zu sehen. Das Erste, was die meisten Menschen machen, wenn sie aufwachen, ist, aufs Handy zu sehen.

Sie haben keinen Plan, wenn sie aufwachen.

Sie haben ihr Gehirn und ihr Unterbewusstsein nicht vor dem Zubettgehen angeregt, bestimmte Fragen zu beantworten oder Probleme zu lösen.

Stattdessen wachen sie müde, reaktiv und ziellos auf. Der Rest des Tages ist mit Ablenkung gefüllt, und man reagiert nur.

Wie verbringen Sie Ihre »Sweetspot«-Stunde?

## NICHT DEN HEUTIGEN TAG VERGLEICHEN

»Vergleichen Sie nicht den Wert des heutigen Tages mit dem irgendeines anderen Tages.«

Sie werden gleich die einfachste und wirkungsvollste Einschlafübung kennenlernen, die es gibt.

Wenn Sie sie anwenden, werden Sie Ihre Tage weit sinnvoller verbringen.

Sie werden besser schlafen.

Die Resultate, die Sie erzielen, werden für sich selbst sprechen.

Ihr Leben wird sich verändern.

## DREI GEWINNE JEDEN TAG

»Beginnen Sie nie den Tag, wenn Sie ihn nicht schon auf dem Papier zu Ende gebracht haben.«

– JIM ROHN[130]

Die Lösung ist einfach. Als Erstes sollten Sie Ihr Handy in den Flugzeugmodus versetzen und 30 Minuten oder idealerweise eine Stunde vor dem Zubettgehen außer Reichweite ablegen.

Irgendwann innerhalb der Stunde bevor Sie ins Bett gehen, holen Sie Ihr Tagebuch heraus.

Die Forschung hat ergeben, dass es Ihr Glücksempfinden steigert, wenn Sie jeden Tag *drei Dinge* aufschreiben, für die Sie an diesem Tag dankbar sind.[131]

Andere Untersuchungen ergaben, dass Dankbarkeit vor dem Zubettgehen nicht nur dafür sorgt, dass man sich besser fühlt, sondern man auch buchstäblich besser schläft.[132,133]

Aufzuschreiben, wofür man dankbar ist, ist sehr wirkungsvoll. Aber vielleicht *noch wirkungsvoller* ist es, spezifische »Gewinne« aufzuschreiben, die man an diesem Tage gemacht hat.

Drei Gewinne des Tages aufzuschreiben, steigert nicht nur Ihre Dankbarkeit, sondern ist auch ein Anschub fürs Selbstbewusstsein.[134]

In seinem Buch, *Tiny Habits*, erklärt der Verhaltensforscher Dr. BJ Fogg, dass es essenziell für Wachstum und Glück ist, sich *gut zu fühlen* und das Gefühl zu haben, *Fortschritte zu machen.*[135]

## JEDER GEWINN IST WICHTIG

»Jeder Gewinn, groß oder klein, ist wichtig, und je mehr Sie Ihre täglichen Gewinne identifizieren, umso eher werden Sie wachsende Möglichkeiten für Gewinne vor sich sehen.«

Dan Sullivan hat seine Unternehmerklienten schon seit Jahrzehnten gelehrt, drei »Gewinne« am Ende jedes Tages aufzuschreiben. Er hatte sogar eine App programmieren lassen, die WinStreak® hieß und bei der man einfach jeden Tag seine drei Gewinne eingeben konnte.

Täglich drei Gewinne aufschreiben ist eine der effektivsten Methoden, sich von der GAP fernzuhalten.

Man hat das Gefühl, *immer zu gewinnen* und Fortschritte zu machen. Damit bleibt man in einem Zustand des Antriebs und Selbstvertrauens.

Nachdem Sie Ihre drei Gewinne des Tages notiert haben, schreiben Sie drei Gewinne auf, die Sie am nächsten Tag erreichen wollen.

Nicht mehr als drei.

Viel zu viele Menschen haben mehr als zehn Dinge auf ihrer täglichen To-do-Liste, was eher ein Zeichen davon ist, beschäftigt zu sein als produktiv.

Das 80/20-Prinzip erläutert, dass 80 Prozent unserer Resultate aus 20 Prozent unserer Aktivitäten stammen.[136,137]

Statt zehn Dinge auf Ihrer To-do-Liste zu haben, sollten es nicht mehr als drei sein.

Wie es der Leadership- und Businessexperte Jim Collins ausgedrückt hat: »Wenn Sie mehr als drei Prioritäten haben, haben Sie gar keine.«[138]

Machen Sie aus den drei Gewinnen für morgen wichtige Gewinne, nicht dringende.

Am Ende jedes Tages schreibt Dan seine drei Gewinne für diesen Tag und die drei größten Gewinne für morgen auf.

Er erklärt es so:

> »Ich ging gut gelaunt ins Bett, aber erwartete gleichzeitig begeistert den nächsten Tag. Am nächsten Morgen wachte ich begeistert auf. An diesem Tag ging ich dann hinaus in die Welt und versuchte meine drei Gewinne zu erzielen. Aber oft passierte es, dass die Gewinne größer waren als die drei, die ich mir am Abend zuvor vorgestellt hatte.
>
> Und dann kam ich nach Hause und führte dieselbe Übung durch. Und die Folge dieser Übung – das hält bei mir schon 15 Jahre an – ist, ***dass ich immer gewinne …***

Unabhängig davon, ob es irgendwelche Rückschläge gibt oder Enttäuschungen, oder ob Hindernisse über den Tag verteilt auftauchen, das macht keinen Unterschied. Am Ende des Tages habe ich meine drei Gewinne erzielt. Morgen werde ich drei Gewinne machen. In einer Woche werden es 21 Gewinne sein …

Nach einer Weile passieren mehrere Dinge. Zuerst sind die Menschen sehr begeistert. Sie sind sehr glücklich. Aber gleichzeitig realisieren sie, dass ihre Vergangenheit und Zukunft deswegen Bedeutung haben, weil sie selbst es sagen. Und es ist ein phänomenaler Durchbruch, wenn man realisiert, dass man selbst die Geschichte des eigenen Lebens erzählt. Die Geschichte, die man bereits gelebt hat. Und die Geschichte, die Sie morgen weiter erleben werden. Diese Fähigkeit kann im Lauf der Zeit stärker und stärker werden.«[139]

Beenden Sie Ihren Tag mit einem guten Gefühl, indem Sie Ihre drei Gewinne aufschreiben. Dann halten Sie die nächsten drei wichtigen Gewinne schriftlich fest, die Sie am nächsten Tag erzielen können.

Im Folgenden ein paar sehr nützliche Effekte, die daraus entstehen, wenn man diese einfache Übung jeden Abend durchführt:

- **Steigern Sie Dankbarkeit und Selbstvertrauen.** Beenden Sie Ihren Tag mit Dankbarkeit und Selbstbewusstsein; steigern Sie Ihr Lebensglück und verbessern Sie Ihren Schlaf.

- **Steuern Sie Ihr Unterbewusstsein, während Sie schlafen.** Gestalten Sie Ihren Tag am Abend zuvor und ermöglichen Sie es Ihrem Gehirn, »daran zu arbeiten«, während Sie schlafen.

- **Geben Sie sich selbst einen Zweck für den nächsten Tag.** Planen Sie Ihren Tag am Abend zuvor, um proaktiv und mit einem Zweck aufzuwachen. Wenn Sie das nicht tun, werden Sie vermutlich, sobald der Alarm am Morgen losgeht, entweder direkt wie magisch von Ihrem Handy angezogen, oder Sie drücken einfach die Schlummertaste und schlafen wieder ein.

## JEDEN TAG GEWINNEN

»Sie werden feststellen, dass sich mit jedem Tag, an dem Sie gewinnen – buchstäblich jedem Tag –, Ihr Gefühl von Stolz, Selbstvertrauen und Begeisterung wächst und zunimmt.«

Eine Umfrage unter mehr als 2000 Menschen ergab, dass Amerikaner im Durchschnitt *24 Minuten brauchen, um tatsächlich das Bett zu verlassen und ihren Tag zu beginnen* – nachdem zweimal der Alarm losging und sie zweimal die Schlummertaste gedrückt haben.[140]
Der Grund dafür ist einfach: Wenn Sie nicht wissen, was Sie in einer gegebenen Situation machen sollen, werden Sie auf das einfachste und offensichtlichste Verhalten zurückfallen.[141,142] Wenn Sie nicht vorausgeplant haben, was Sie tun werden, wird Ihre Willenskraft Sie nicht vor diesem Erschöpfungszustand bewahren. Die Situation wird Sie überfordern.[143,144,145]
Statt sich selbst in eine Situation zu bringen, in der man nur verlieren kann, ist es besser, eine Entscheidung getroffen zu haben, BEVOR die Situation eintritt. Sie wachen buchstäblich jeden Tag auf. Es scheint, es würde sich lohnen, diese Fertigkeit zu meistern.
Treffen Sie den festen Vorsatz und halten Sie sich daran. So vermeiden Sie es, einen weiteren Kampf der Willenskraft zu verlieren. Sie können auch die Begleitumstände so gestalten, dass es einfacher wird, wie etwa Ihren Wecker auf die andere Seite des Zimmers zu stellen und Ihre Kleidung vorher bereitzulegen. Michael Jordan fasste es gut zusammen: »Wenn ich eine Entscheidung getroffen hatte, dachte ich nie mehr darüber nach.«

- **Trainieren Sie Ihr Gehirn darauf, die GAINS zu sehen und nicht die GAP.** Worauf Sie sich konzentrieren, vermehrt sich. Indem Sie jeden Tag drei Gewinne bewerten, trainieren Sie Ihr Gehirn darauf, mehr und mehr GAINS zu sehen. Die Psychologie kennt den Begriff *selektive Wahrnehmung*, der erklärt, dass unsere Aufmerksamkeit sich auf das konzentriert, was uns persönlich am wichtigsten ist.[146,147]
William James, Psychologe aus Harvard und Vater der amerikanischen Psychologie, erklärt die selektive Wahrnehmung folgendermaßen: »Millionen von Eindrücken strömen von außen auf meine Sinne ein, die nie wirklich Teil meines Erlebens werden. Wieso? Weil sie für mich nicht von Interesse sind. ***Mein Erleben ist das, dem ich freiwillig meine Aufmerksamkeit widme.***«[148]

## GEWINNE FÜHREN ZU MEHR GEWINNEN

»Wenn Sie sich erstmal angewöhnt haben nach Gewinnen zu suchen, wird sich Ihr Verständnis dafür erweitern, was einen Gewinn darstellen kann.«

> *Ihr Erleben ist das, worauf Sie sich freiwillig fokussieren.* Wenn Sie in der GAP sind, *suchen Sie nach* der GAP. Wenn Sie im GAIN sind, *suchen Sie nach* dem GAIN. Sie finden, was immer Sie sich antrainiert haben zu suchen.

Ziehen Sie immer in der Rückschau Bilanz.

Der Maßstab sind drei Gewinne am Tag.

Engagieren und begeistern Sie sich für drei Gewinne am morgigen Tag.

Das ist die einfachste Art, Ihre Aufmerksamkeit und Ihren Fokus neu auszurichten.

So werden Sie sich selbst am Abend zuvor für die Idee begeistern, dass morgen ein außergewöhnlicher Tag wird.

So werden Sie glücklich und zuversichtlich zu Bett gehen.

Auf diese Art werden Sie voller Energie und mit einem Ziel aufwachen.

Wie bei allem werden Sie besser darin, die GAINS zu sehen, je mehr Sie sich darin üben. Zu Beginn sehen Sie vielleicht immer noch überall die GAP. Aber Tag für Tag werden Sie Ihre drei Gewinne würdigen und dann drei neue Gewinne für den nächsten Tag schaffen, und das wird Ihre Sicht auf die Welt verändern.

Sie werden überall GAINS sehen – selbst an den unmöglichsten Orten.

Wenn Sie sich selbst in der GAP wiederfinden, werden Sie es schneller bemerken. Statt sich lange Zeit der Negativität hinzugeben, werden Sie wie eine Sprungfeder wieder im GAIN landen. Um den Unternehmer und Investor Naval Ravikant zu zitieren:

> »Ich habe mich ständig über Dinge geärgert. Heute suche ich immer die positive Seite an allem. Das erforderte einst eine bewusste Anstrengung. Es dauerte stets ein paar Sekunden, bis ich etwas Positives fand. Heute kann ich es in unter einer Sekunde schaffen.«[149]

Sie können auf jeden Fall auch an diesen Punkt gelangen.

Das Einzige, was Sie dafür tun müssen, ist, jeden einzelnen Tag drei Gewinne zu würdigen, die Sie gemacht haben.

# ZWEI-MINUTEN-ACCOUNTABILITY: BERICHTEN SIE TÄGLICH ÜBER IHRE GAINS

»Wenn Leistungen gemessen werden, verbessert sich die Performance. Wenn Performance gemessen wird und darüber berichtet, beschleunigt sich die Rate der Verbesserung.«
– PEARSONS GESETZ

Ihren Fortschritt zu messen, ist ein wertvolles Signal, dass Sie es ernst meinen mit dem, was Sie tun.

Wenn Sie Ihre Nahrungsaufnahme messen, werden Sie sich vermutlich besser ernähren.

Wenn Sie Ihre Finanzen bewerten – wie Ausgaben, Ersparnisse und Investitionen –, werden sich diese Dinge vermutlich ebenso verbessern.

Zu quantifizieren, was Sie tun, ist extrem wichtig. Nicht nur verbessert es, was Sie tun, indem Sie es sich bewusst machen, es belegt auch, dass etwas geschieht.

Wie es Soziologieprofessorin Lyn Craig ausgedrückt hat: »Was nicht gezählt wird, zählt nicht.«[150]

Aufzeichnungen anfertigen und Fortschritte messen, sind effektive Prinzipien.

Nicht nur wird belegt, dass die Arbeit getan wurde, wenn man sie misst, sondern Motivation und Leistung werden dadurch ebenfalls verbessert.

Nachdem Sie jeden Abend Ihre drei Gewinne aufgeschrieben haben, besteht eine effektive Methode, Pearsons Gesetz – also seinen Fortschritt zu messen und darüber zu berichten – zu nutzen, darin, seine drei Gewinne einem »Accountability«- oder »Erfolgs«-Partner zu erzählen.

Das muss nicht länger als zwei Minuten am Tag dauern.

Nachdem Sie Ihre drei Gewinne für diesen Tag in Ihr Tagebuch geschrieben haben, sowie die drei Gewinne für den nächsten Tag, müssen Sie nur noch das, was sie aufgeschrieben haben, an Ihren Erfolgspartner texten.

Sie »berichten« nicht wirklich jemandem, wenn Sie Ihre Gewinne anderen mitteilen. Sie teilen Ihren Erfolg mit anderen.

Hier mehrere positive Effekte, wenn Sie Ihre Gewinne jemandem mitteilen, den Sie lieben und respektieren:

1. Sie tanken neue Energie, wenn Sie Ihre GAINS jemandem mitteilen, den Sie respektieren.

2. Indem Sie Ihre »drei Gewinne für morgen« mit jemandem teilen, fühlen Sie sich selbst verantwortlich dafür, etwas zu leisten.

3. Menschen verspüren ein Bedürfnis nach Konsistenz – indem Sie also jemandem mitteilen, dass Sie diese drei Gewinne erzielen werden, tun Sie es auch mit größerer Wahrscheinlichkeit.[151]

4. Sie machen damit Ihren täglichen Fortschritt zu einer Art Spiel und gehen spielerisch damit um.

Ich habe das selbst seit Jahren so gemacht, und es hat meinen Fokus und meine Produktivität massiv gesteigert – sowie meine GAINS.

Jeden Tag schicken mein Erfolgspartner und ich uns gegenseitig einen Text.

Wir berichten, wie wir bei unseren Gewinnen für diesen Tag (zum Beispiel 2 von 3) abgeschnitten haben, und listen unsere drei Gewinne für den nächsten Tag auf.

Das war es.

So einfach ist das. Belassen Sie es so einfach.

Schreiben Sie täglich Ihre drei Gewinne auf.

Skizzieren Sie drei Gewinne für morgen.

Wenn Sie sich dafür entscheiden, machen Sie den Erfolgspartner zum Teil Ihrer »drei täglichen Gewinne«, um Unterstützung, Accountability und Motivation zu steigern.

## WICHTIGES AUS DIESEM KAPITEL

- Was Sie während der Stunde vor dem Zubettgehen machen, hat einen enormen Einfluss auf die Qualität Ihres Schlafs, sowie auf die Zielrichtung und die Qualität des nächsten Tages.
- Reaktivität gebiert Reaktivität. Wenn Sie vor dem Einschlafen auf Ihr Handy starren, geistlos herumscrollen oder konsumieren, wird sich nicht nur Ihr Schlaf verschlechtern, sondern Sie werden dieses ungesunde suchtartige Verhalten am nächsten Tag fortsetzen.
- Um besser zu schlafen, lösen Sie sich von Ihrem Handy und stellen Sie es mindestens 30 – 60 Minuten vor dem Einschlafen auf Flugmodus.
- Schreiben Sie die drei Gewinne dieses Tages in Ihr Tagebuch.
- Notieren Sie die drei größten Gewinne, die Sie am nächsten Tag erzielen werden. Nicht mehr als drei.
- Machen Sie das jeden Tag für den Rest Ihres Lebens.
- Pearsons Gesetz besagt: Wenn Leistung gemessen wird, verbessert sie sich. Wenn Leistung gemessen und berichtet wird, verbessert sie sich noch schneller.
- Täglich einen Partner zu haben, dem Sie Rechenschaft ablegen, kombiniert Tracking und Reporting. Sorgen Sie dafür, dass diese Accountability-Partnerschaft einfach bleibt. Es sollte nicht mehr als zwei Minuten am Tag in Anspruch nehmen.
- Berichten Sie über Ihre drei Gewinne des heutigen Tages und von Ihren drei Gewinnen für morgen.

## DER GEWINNERMUSKEL

»Wenn Sie sich täglich die Zeit nehmen, Ihre Leistungen anzuerkennen, bauen Sie einen Muskel auf.«

# KAPITEL 6
# MACHEN SIE JEDE ERFAHRUNG ZUM GAIN

## Werden Sie Herr über Ihre Vergangenheit

»Intelligenz ist die Fähigkeit, sich an Veränderungen anzupassen.«
– STEPHEN HAWKING ZUGESCHRIEBEN[152]

Am 29. September wachte Howard Getson auf und hatte noch vor dem Morgenkaffee über zwei Millionen Dollar verloren. Die Finanzkrise 2008 hatte begonnen.

Der Aktienmarkt stürzte im Lauf des Tages weiter ab.

Später an diesem Nachmittag war Howard im CVJM beim Work-out mit seinem persönlichen Trainer. Sein Trainer bemerkte Howards bleiches Gesicht und fragte: »Du siehst blass aus; ist alles in Ordnung?«

Howard entgegnete: »Heute ist der schlimmste Tag auf dem Markt seit der Weltwirtschaftskrise.«

Noch während die Worte seinen Mund verließen, wurde ihm klar, dass sie falsch waren, und er hatte eine Erleuchtung.

*»Kein System funktioniert immer, aber wenigstens ein Teil davon funktioniert.«*

Es war FÜR IHN der schlimmste Tag auf dem Markt, *aber nicht für alle.*

Trading ist ein Nullsummenspiel. Es war kein ausnahmslos schlechter Tag auf dem Markt – viele Menschen haben Geld verloren, aber nicht jeder. Es war ein UNGLAUBLICHER Tag für einige Leute, die Ihr Geld in die richtigen Sachen gesteckt oder sich für die spezifischen Bedingungen an diesem Tag gut positioniert hatten.

Diese Einsicht zwang Howard dazu, sein eigenes Investitionssystem zu überdenken.

Am nächsten Tag unterhielt sich Howard mit Sean, einem Trading-Analytiker, der für ihn arbeitete. Howard fragte: »Wenn wir so schlau sind, wieso haben wir dann so viel Geld verloren?«

Sean antwortete:

> »Wir haben viele verschiedene Handelssysteme geschaffen, die gestern noch funktioniert und Geld gemacht hätten. Aber wir nutzen eine Regel, die jedes System stoppt, wenn es je mehr als 20 Prozent Verlust machen sollte. Diese Regel hat ein System außer Kraft gesetzt, das unter diesen Bedingungen großartig funktioniert hätte.«

Im Jahr 2006 hatte Howard ein Programm entwickelt, das er OmniTesting nannte und das jeden seiner Algorithmen auf jedem Markt und unter jedem Zeitrahmen testete. Dieser Prozess verglich die Resultate dieser Tests und nutzte dabei Dutzende Kennzahlen. Wenn irgendein Trading-System zu viele dieser Tests nicht bestand, wurde es abgeschaltet.

Aber ein Test hatte Priorität über allen anderen.

Wenn ein System mehr als 20 Prozent zu irgendeinem Zeitpunkt während der Testperiode verlor, wurde es umgehend beendet und aus der Reihe der aktiven Systeme entfernt, weil das Risiko zu groß war, dass sich dieses Muster duplizierte.

Nach dem großen Verlust wurde ihm klar, dass diese spezielle Faustregel einen verallgemeinerten Trading-Ansatz schuf, bei dem alle ihre Investments unter sämtlichen Marktbedingungen »okay« performten, aber die Regel eliminierte spezialisierte Trading-Systeme, die unter bestimmten Marktbedingungen – wie dem Crash 2008 – »hervorragend« performt hätten.

## WIR SCHAFFEN SINN UND WERT

»Sinn und Wert sind uns nicht vorgegeben. Wir schaffen selbst den Sinn und Wert jeder Erfahrung.«

Es gibt verschiedene Marktbedingungen: Bullenmarkt, Bärenmarkt, schwankende Märkte, sich konsolidierende Märkte, »Thrusting«-Märkte, Trendmärkte und flaue Märkte.

Sie können Systeme kreieren, die unter bestimmten Marktbedingungen (wie auf einem Bärenmarkt) gut performen, oder Sie können Systeme schaffen, die unter allen Bedingungen gut performen. Howard hatte sich auf den Ansatz »okay unter allen Bedingungen« konzentriert, denn er wollte keine großen Verluste einfahren.

Leider führte diese Strategie für Howard dazu, dass er 2008 schwere Verluste hinnehmen musste.

Auch wenn er über zwei Millionen Dollar an einem einzigen Tag verloren hatte und zeitweilig sehr deprimiert war, war er aufgrund seiner neuen Einsicht buchstäblich am nächsten Tag wieder aus der GAP.

Er wusste, an welcher Stelle er mit seinen Überlegungen und seiner Investmentstrategie in die Irre gegangen war.

Statt sich darauf zu konzentrieren, etwas zu schaffen, das unter *allen* Marktbedingungen funktionierte, verlegte sich Howard darauf, verschiedene Systeme für *jede* Marktbedingung zu haben.

Sein Hauptfokus lag ab diesem Zeitpunkt darauf, ein übergreifendes System zu entwickeln, das identifizieren konnte, welches Trading-System anzuwenden war und welches so schnell wie möglich gestoppt werden musste, wenn die Marktbedingungen sich änderten.

Diese Einsicht wurde zur Grundlage für alles, was er seit dem Crash 2008 getan hat.

Um seine eigene Subjektivität und seine Vorurteile zu überwinden, hat Howard die letzten 13 Jahre damit verbracht, sich auf das Trading mit künstlicher Intelligenz (KI) zu konzentrieren. Seine neuen KI-Systeme entfernten die menschliche Angst, Gier und Wahrnehmungsverzerrungen. Sie treffen schneller kluge Entscheidungen, welche Trading-Systeme bei schwankenden Marktbedingungen ein- und ausgeschaltet werden sollen.

Durch die Nutzung von KI als Werkzeug, um Trading-Systeme bei Bedarf zu wechseln, die dem Markt besser entsprechen, ist Howard in der Lage seine Erfolgschancen unter sämtlichen spezifischen Bedingungen zu vergrößern.

Howard war in der Lage, aus einer schrecklichen Erfahrung einen GAIN zu machen. Zuerst nutzte er diese schmerzliche Herausforderung als Möglichkeit, um seine Vorannahmen und Bewertungen zu überdenken.

Er erkannte, dass seine Bewertungskriterien suboptimal waren. Er konnte radikal verbessern, worauf er sich fokussierte und was er bewertete – was mit der Zeit viel bessere Resultat hervorbrachte.

Statt wie vorher zu versuchen, Verluste zu vermeiden, bewertete Howard seine Erfolge nun daran, wie gut er sich an Veränderungen anpassen konnte.

## HERR ÜBER DIE EIGENE VERGANGENHEIT WERDEN

> »Das Leben ist einfach. Alles passiert für Sie, es stößt Ihnen nicht zu. Alles passiert genau im richtigen Moment, nicht zu früh und nicht zu spät. Es muss Ihnen nicht gefallen … Es ist nur einfacher, wenn es das tut.«
>
> – BYRON KATIE[153]

Wenn Sie im GAIN sind, handeln Sie proaktiv in Bezug auf Ihre Erfahrungen – Sie sehen sich Ihre Erfahrungen an und *nutzen sie*, um sich besser anzupassen und in der Zukunft erfolgreicher zu werden.

Sind Sie hingegen in der GAP, reagieren Sie nur auf Erfahrungen – Sie betrachten sie und sind frustriert über das, was passiert ist. Statt Ihre Erfahrungen zu nutzen, um zu lernen und sich zu verbessern, framen Sie diese als »etwas Negatives«.

Immer wenn Sie eine Erfahrung in der GAP framen, verlieren Sie den Einfluss auf diese Erfahrung, und sie entgleitet Ihnen.

Es ist nur noch »diese verdammte Sache«, von der Sie sich wünschen, sie wäre nicht passiert.

## MACHEN SIE SICH FREI VON RECHTFERTIGUNGEN

»Wenn Menschen damit aufhören, ihre Energie darauf zu verschwenden zu rechtfertigen, was sie wollen, sind sie dafür frei, sich auf Kreativität und Innovation zu konzentrieren.«

In der GAP zu sein, verbannt Sie daher auf den Beifahrersitz Ihrer eigenen Erfahrungen. Sie werden reaktiv und reagieren nur auf das, was passiert – und wenn die Dinge nicht so laufen, wie Sie es wollten oder erwartet haben, sind Sie das machtlose Opfer.

Der GAIN befördert Sie hingegen zurück auf den Fahrersitz Ihres eigenen Lebens.

Sie entscheiden, was Ihre eigenen Erfahrungen bedeuten.

Sie entscheiden, wie Sie diese bewerten wollen, und Sie finden immer einen Weg, Ihre Erfahrungen zu nutzen, um Ihre Zukunft zu verbessern – selbst scheinbar furchtbare Erfahrungen sind ein Sprungbrett für erstaunliche Klarheit und Wachstum.

Dan erklärt es so:

> »Jeder, der wächst, erzielt seinen Fortschritt und Verbesserungen, indem er frustrierende und schmerzliche Fehlschläge in Regeln und Bewertungsmaßstäbe für befriedigende Erfolge verwandelt.«[154]

Die GAP nimmt Ihnen diese Vollmacht als Person, und Sie werden psychologisch festgefahren.

Der GAIN steigert Ihre Vollmacht, und Sie werden *psychologisch* zunehmend *flexibler*.[155,156,157,158,159]

*Psychologische Flexibilität* bedeutet, dass Sie Ihre Emotionen kontrollieren und nicht umgekehrt. Es bedeutet, dass Sie Ihre Ziele auch dann erreichen können, wenn es zu Rückschlägen kommt. Forschungen zeigen, dass geringe psychologische Flexibilität mit Folgendem einhergeht:

- mehr Angst
- (häufigere) Depressionen
- allgemein gesteigerte Pathologien
- schlechtere Arbeitsleistungen
- Unfähigkeit zu lernen
- Substanzmissbrauch
- geringere Lebensqualität

- Alexithymie (die Unfähigkeit, die eigenen Emotionen zu identifizieren und im Kontakt mit ihnen zu stehen)
- Angstsensitivität
- langfristige Arbeitsunfähigkeit
- Sorgen

Je flexibler Sie psychologisch sind, desto weniger angstbehaftet und depressiv werden Sie sein.

Psychologisch flexibel zu sein, bedeutet, Sie können durch Unsicherheiten hindurch vorwärtsschreiten.

Es bedeutet, Sie kontrollieren die Bedeutung Ihrer eigenen Erfahrungen.

Wenn Sie im GAIN sind, *werden Sie psychologisch flexibler*. Sie nehmen jede Erfahrung, die Ihnen das Leben bietet – schwierig oder leicht, beängstigend oder begeisternd, herausfordernd oder fördernd –, und als Ergebnis davon werden Sie zu einem besseren Menschen.

Entweder gewinnen Sie, oder Sie lernen etwas.

Eine flexible Person kann zum Beispiel aufstehen, um in die Arbeit zu fahren, und feststellen, dass der Wagen einen Platten hat. Statt sich aufzuregen und wie gelähmt zu sein, bestellt sie einfach ein Uber.

Einfach.

Sie kümmern sich ein anderes Mal um den platten Reifen, aber es wird Ihren Tag in keiner Weise beeinflussen, weil Sie Wichtigeres zu tun haben.

Alex Banayan ist eine sehr flexible Person. In seinem Buch, *The Third Door (dt.: Das Tor zum Erfolg)*, schreibt Alex, dass Erfolg wie ein Nachtklub ist:[160]

> »Es gibt eine Erste Tür: Der Haupteingang, vor dem 99 Prozent der Menschen in einer Reihe anstehen und hoffen hineinzukommen. Die Zweite Tür: Der VIP-Eingang, durch den die Milliardäre und Berühmtheiten hineinschlüpfen. Aber was niemand einem erzählt, ist, dass es immer, immer … die Dritte Tür gibt. Es ist der Eingang, bei dem man, um ihn zu erreichen, aus der Reihe tanzen, eine Gasse entlangrennen, hundert Mal an die Tür klopfen, ein Fenster einen Spalt öffnen oder durch die Küche schleichen muss – es gibt immer einen Weg.«

## MEISTERN SIE IHR EIGENES LEBEN

»Sie nutzen Ihre mentale Siegesgewissheit, um den täglichen Fortschritt zu identifizieren, zu erreichen und zu messen, was dazu führt, dass Sie zunehmend Herr über jeden Bereich Ihres eigenen Lebens werden.«

Ein fundamentaler Aspekt der Flexibilität ist das, was die Psychologen *Pfaddenken (pathways thinking)* nennen, und das ist die Fertigkeit, viele funktionierende Pfade zu einem bestimmten Ergebnis zu finden.[161]

Je flexibler Sie als Person sind, desto eher werden Sie bereit sein, *mehrere Ansätze* auszuprobieren, um dorthin zu gelangen, wohin Sie wollen.

Je festgelegter Sie sind, desto dogmatischer werden Sie versuchen, sich auf denselben Ansatz zu konzentrieren, auch wenn es sich als erfolglos erweisen sollte.

Einstein wird folgender Satz zugeschrieben: »Die Definition von Wahnsinn ist, immer wieder dasselbe zu tun, aber unterschiedliche Resultate zu erwarten.«

Pfaddenken ist ein Kernaspekt von *Hoffnung*. Untersuchungen zeigen, dass Menschen, die über ein hohes Niveau an Hoffnung verfügen, »Fehlschläge« hernehmen und sie nutzen, um sich anzupassen und alternative Pfade zu ihrem Ziel zu finden.

Die Kehrseite der Medaille ist, wenn Menschen mit einem geringen Ausmaß an Hoffnung auf ein Hindernis treffen, klinken sie sich aus und lenken sich ab – wie etwa sich Hals über Kopf in die sozialen Medien zu stürzen. Aber sie lernen nicht aus ihren Erfahrungen.[162,163,164,165,166]

Statt in der GAP zu bleiben und sich zu wünschen, dass einem keine »schlimmen« Dinge widerfahren, nehmen Sie die harten Erfahrungen und verwandeln sie in GAINS.

So machte es Howard während der Periode, die ihm fast vernichtende finanzielle Verluste eingebracht hätte. Er *verwandelte diese Erfahrung* in eine Lernerfahrung und langfristige GAINS.

Im Buch *Peaks and Valleys* erklärt Dr. Spencer Johnson, *dass die guten Dinge im Leben der Menschen aufgrund dessen passieren, was sie in den »Tälern« getan haben*, wohingegen die schlimmen Dinge im Leben der Menschen *aufgrund* dessen passieren, was sie auf den »Gipfeln« tun.[167]

Ein Gipfel liegt vor, wenn alles großartig läuft.

Im Tal sind die Dinge schmerzhaft oder schwierig.

Ein Tal könnte ein Gesundheitsproblem sein. Es kann eine finanzielle Krise sein. Es könnte darin bestehen, dass Sie Ihren Job verlieren. Sie könnten einen engen Freund oder ein Kind verlieren.

Jeder von uns durchschreitet zu verschiedenen Zeiten in seinem Leben ein Tal.

Aber, wie Johnson weiter ausführt: *Die guten Dinge in unserem Leben passieren AUFGRUND dessen, was wir in unseren Tälern tun.*

Wenn Sie ein Tal durchschreiten, können Sie aus diesem Tal lernen oder dadurch frustriert sein.

Die Wahl liegt bei Ihnen.

Lektionen werden wiederholt, bis man sie lernt.

Wenn Sie Ihre Täler willkommen heißen und von ihnen lernen, können Sie das nutzen, was Sie durchleiden, um weit höhere Gipfel in Ihrer Zukunft zu schaffen.

Aber nur, wenn Sie diese Täler als einen GAIN sehen und nicht als eine GAP.

Ein Beispiel dafür sind Richie und Natalie Norton – zwei Menschen, die viele tiefe und finstere Täler durchqueren mussten.

Am Morgen des 7. Januar 2010 verstarb Gavin, der drei Monate alte Sohn von Richie und Natalie.

Sie hatten die vorangehenden zwei Wochen im Krankenhaus verbracht, gewartet und gebetet.

Als sie erfuhren, dass ihr Sohn nicht durchkommen würde, waren sie am Boden zerstört.

*»Das könnte uns zerstören«*, sagten sie, während sie sich mit tränengefüllten Augen ansahen.

Sie trafen in diesem Moment eine Entscheidung:

»Egal, was passiert, und egal, wie hart es wird, wir werden ein besseres Leben führen *für* Gavin.

Wir werden *wegen* Gavin ein besseres Leben führen.

Wir werden *für* Gavin eine bessere Ehe führen.

Wir werden *wegen* Gavin eine bessere Ehe führen.«

Das war nicht die einzige schwerwiegende Tragödie, die sie durchleben mussten.

Zweieinhalb Jahre bevor Gavin starb, war Natalies 21 Jahre alter Bruder Gavin, nach dem Sie Ihren Sohn benannt hatten, unerwartet und ohne erkennbare Ursache im Schlaf verstorben.

## KONTROLLIEREN SIE IHRE REAKTION

»Erfolgreiche Menschen kontrollieren nicht Ereignisse; sie kontrollieren ihre Reaktion auf diese Ereignisse.«

Sechs Jahre nach dem Tod von Baby Gavin verloren Richie und Natalie ihre drei Pflegekinder, weil die Adoption nicht genehmigt wurde. Sie hatten diese Kinder geliebt wie ihre eigenen, und sie waren untröstlich, sie zu verlieren.

Ein paar Monate später hatte Natalie einen Schlaganfall, der ihr Gedächtnis auslöschte – zum Glück hat sie sich davon weitgehend erholt.

2017 wurde ihr elfjähriger Sohn Lincoln von einem abgelenkten Fahrer angefahren, während er in der Nähe ihres Hauses die Straße überquerte. Er lag mehrere Tage im Koma, und sie wussten nicht, ob er überleben würde oder hinterher in einem Wachkoma gefangen blieb.

Eine erschütternde Tragödie folgte für die Nortons auf die andere.

Sie hatten offensichtlich keine dieser Erfahrungen geplant.

Aber so verrückt es sich anhören mag, sie glauben ernsthaft, dass diese Erfahrungen ihr Leben *zum Besseren* gewandelt haben.

Während harten Schicksalsschlägen wie diesen stellte sich Richie Fragen wie die folgenden:

- »Wieso hat Gott mir das angetan?«
- »Wieso ist unser Kind gestorben und ein anderes nicht?«

Seitdem ist ihm klar geworden, dass die Dinge keinen, ihnen innewohnenden Sinn haben.

*Nach einem Sinn zu suchen, ist nutzlos und führt nirgendwohin.*

Nach einem Sinn zu suchen, führt einen in die GAP, denn man vergleicht unweigerlich seine Situation mit der eines anderen und hat dadurch das Gefühl, entweder überlegen oder unzulänglich zu sein.

Statt nach einem Sinn zu suchen, glaubt Richie, dass jeder von uns *selbst den Sinn von Ereignissen und Erfahrungen in seinem eigenen Leben schafft.*

Am Morgen, als ihr Sohn Gavin starb, trafen Richie und Natalie eine Entscheidung: *»Wir werden dadurch besser, nicht verbittert.«*

Von dieser Nacht an lebte Richie sein Leben auf neue Weise.

Damals war er der Präsident eines Finanzunternehmens gewesen. Nachdem sein Sohn starb, kündigte er und bewarb sich um einen Studienplatz, um seinen Master of Business Administration zu machen. Natalie und er begannen auch mit der Abfassung des Buchs, das sie schon lange hatten schreiben wollen, aber seit einem Jahrzehnt aufgeschoben hatten: *The Power of Starting Something Stupid.*[168]

Diese furchtbare Erfahrung war für Richie ein Weckruf.

Er würde nicht mehr sein Leben von der Seitenlinie aus betrachten und darauf warten, seine Träume zu leben.

Er sah nun, dass unsere Zeit sehr begrenzt ist und niemand wissen kann, wie lange wir noch haben. Als Konsequenz schwor er sich, nie mehr einen weiteren Tag seines Lebens zu verschwenden.

Nie mehr würde er Angst haben.

Er würde sich ganz für seine Träume einsetzen.

Er würde sich ganz für seine Familie einsetzen und *ab sofort* lebensverändernde Momente und Erinnerungen schaffen.

Die Nortons haben als Familie ihre ganz eigene Art, die Dinge anzugehen. Sie wohnen in Hawaii direkt am Strand. Sie lieben es, Spaziergänge am Strand zu machen, zu surfen und einfach nur zu entspannen. Sie gehen regelmäßig monatelang auf Reisen und machen Urlaub, und regeln die finanzielle Seite während ihrer Abenteuer.

Richie nimmt seine Jungs regelmäßig mit aufs amerikanische Festland oder in ein anderes Land und bucht nur einen Hinflug. Er macht keine Pläne für diese Reisen. Sie fliegen, wohin immer sie wollen, und entscheiden irgendwann später, wann sie wieder zurückkehren.

Richies »Filter« wurde durch seine Erfahrungen sehr viel klarer und feiner. Sein Filter besteht aus seinem Wertesystem, seinen Erfolgskriterien und persönlichen Lebensregeln.

Er widmet sich keinen Geschäftsaktivitäten, egal wie potenziell lukrativ, wenn er glaubt, dass er dadurch zu lange von seiner Familie getrennt ist.

Er tut nichts, wenn es nicht zu seiner eigenen Zeitplanung passt, und stellt sicher, dass er völlig freie Ortswahl hat und von jedem beliebigen Ort der Welt aus arbeiten kann.

Richie und Natalie haben ihre schmerzlichsten Erfahrungen in außergewöhnliche GAINS verwandelt.

Sie sind aufrichtig dankbar für ihre Erfahrungen.

## WERT STEIGERT BEDEUTUNG

»Mit gesteigertem Wert geht auch größere Bedeutung einher. Die Dinge, die für uns den größten Wert haben oder die wir am höchsten schätzen, haben auch die größte Bedeutung für uns. Wert und Bedeutung sind in der Welt also völlig durch Wertschätzung bestimmt.«

Sie haben sich die Bedeutung und das Framing ihrer Geschichte völlig zu eigen gemacht. Sie sind nicht reaktiv, wenn es um ihre Vergangenheit geht, sondern proaktiv.

Sie entscheiden, was ihre Vergangenheit bedeutet.

Sie entscheiden, was sie infolge dessen tun wollen.

Sie sind an ihren Herausforderungen gewachsen und dadurch zu besseren Menschen geworden und sind nicht schlechter dran als vorher.

## VERGLEICHEN SIE IHRE ERFAHRUNGEN NICHT, TRANSFORMIEREN SIE SIE

»Wer die Vergangenheit kontrolliert, kontrolliert die Zukunft. Wer die Gegenwart kontrolliert, kontrolliert die Vergangenheit.«

– GEORGE ORWELL, *1984*[169]

»Ihre Vergangenheit ist Geschichte. Und sobald Ihnen das klar wird, hat sie keine Macht mehr über Sie.«

– CHUCK PALAHNIUK[170]

Vor Jahren entwickelte Dan ein Tool mit dem Namen The Experience Transformer®, um seinen Klienten zu helfen, ihren Lernfortschritt und ihre GAINS zu steigern. Der Zweck dieses Tools ist es, *jede* Erfahrung herzunehmen und so viel Wert aus dieser Erfahrung zu holen wie nur möglich.

Dan erklärt es so:

»Eine unserer großartigsten Fähigkeiten als menschliche Wesen ist die Fähigkeit, aus unseren Erfahrungen zu lernen. Die Menschheit hat im Ganzen von denjenigen profitiert, die ihre Erfahrungen analysiert und wirkungsvolle Lektionen daraus extrahiert haben, die wir alle nutzen können ...

Aber für viele Menschen besteht das Leben nur aus Erfahrungen, aus denen sie nichts lernen ...

> Selbst diejenigen von uns, die versuchen aus ihren Erfahrungen zu lernen, können durch die intensiven Emotionen, die durch manche Situationen entstehen, in die Irre geführt werden. Wir schieben diese gerne zur Seite, bis wir uns besser in der Lage fühlen, damit umzugehen. Aber die Gelegenheit für einige der größten Lernerfahrungen besteht tatsächlich dann, wenn Sie diese Intensität verspüren …
>
> Der *Experience Transformer* ist ein Denkprozess, der es Ihnen ermöglicht, schnell die Intensität sowohl negativer als auch positiver Situationen in Lektionen, Innovationen und Durchbrüche zu verwandeln, sowohl für Ihr persönliches als auch berufliches Leben.«

Um den *Experience Transformer* anzuwenden, holen Sie Ihr Tagebuch und folgen Sie den Anweisungen:

- Denken Sie an eine bestimmte Erfahrung – positiv oder negativ.
- Fragen Sie sich selbst: Was hat an dieser Erfahrung *funktioniert*?
- Welchen »Nutzen« können Sie aus dieser Erfahrung ziehen, um Ihre Zukunft zu verbessern?
- Was können Sie aus dieser Erfahrung lernen, wenn es darum geht, was Sie *nicht wollen*?
- Mit dem Wissen von heute aufgrund dieser Erfahrung – wie würden Sie Ihre Zukunft anders angehen?
- Für welchen Teil dieser Erfahrung sind Sie dankbar?

Wenn Sie im GAIN sind, werden Sie zum Herrn Ihrer eigenen Erfahrungen.

Indem Sie zum Herrn Ihrer Erfahrungen und Ihrer Vergangenheit werden, können Sie damit tun, was Sie wollen.

Sie können verändern, was Ihre früheren Erfahrungen bedeuten und nicht bedeuten.

***Wenn Sie im GAIN sind, transformieren Sie Ihre Erfahrungen.***

In der GAP vergleichen Sie Ihre Erfahrungen mit denen anderer Menschen und fühlen sich infolge dessen schlechter. Sie sind nicht Herr Ihrer eigenen Erfahrungen, sondern distanzieren sich stattdessen emotional von ihnen, was letztlich mit lähmenden Traumata unterschiedlicher Schwere einhergeht.

Ihre Erfahrungen zu »transformieren« bedeutet, dass Sie Ihre früheren Erfahrungen wieder und wieder betrachten, durch die Brille Ihres weiterentwickelten Denkens und Verständnisses und dann verändern, was diese Erfahrungen *für Sie* bedeuten. Sie extrahieren anhaltend neue Lektionen aus diesen Erfahrungen.

Sie sehen Ihre Vergangenheit als Goldmine, in der Sie wieder und wieder schürfen können.

Dan sagt dazu Folgendes:

> »Wir werden normalerweise nicht dazu ermutigt, uns mit den negativen Aspekten unserer Erfahrungen zu beschäftigen, aber wenn man eine negative Erfahrung hernimmt und eine Lektion daraus lernt, kann man diese in der Zukunft positiv anwenden und damit die negative Erfahrung transformieren.
>
> In meinem eigenen Leben habe ich festgestellt, je mehr ich meine Erfahrungen transformiere, desto selbstbewusster werde ich, wenn es darum geht, in der Zukunft mit allem Neuen, Negativen oder Missliebigem fertigzuwerden.«[171]

Je mehr Sie Ihre Erfahrungen transformieren, um daraus zu lernen und zu wachsen, desto objektiv besser werden Ihre Erfahrungen.

Indem Sie stets dazulernen, werden Sie in der Lage sein, Dinge zu tun, die Ihr altes Selbst nicht tun konnte. Sie werden in der Lage sein, etwas zu schaffen, was Ihr altes Selbst nicht schaffen konnte. Sie werden in der Lage sein, das zu haben, was Ihr altes Selbst nicht haben konnte.

Wie es Sterling Sill, der amerikanische Autor ausdrückte: »Die erfolgreichsten Leben sind sicher diejenigen, die die wertvollsten Erfahrungen machen.«[172]

Ihre Erfahrungen zu transformieren, ermöglicht Ihnen auch, *Ihre Vergangenheit* auf die effektivste Art *zu organisieren.*

Wenn Sie eine chaotische Vergangenheit haben, verstehen Sie Ihre Emotionen oder Gedanken nicht wirklich, auch wenn sie immer noch einen Einfluss auf Sie haben.

Eine unorganisierte und nichttransformierte Vergangenheit ist chaotisch und verwirrend. Ein anderes Wort dafür ist *Trauma*.

Trauma tritt auf, wenn Ihre Erwartungen so sehr verletzt werden, dass Sie Ihr eigenes Gespür für einen Sinn im Leben und Ihren Wert als Person verlieren.[173] Es ist ein dysfunktionaler Glaubenssatz in Bezug auf eine Erfahrung, der eine anhaltende Dysfunktion in Gegenwart und Zukunft auslöst.

Trauma tritt auf, wenn eine Person die Vergangenheit *meidet* und verabscheut, statt sich ihr zu *nähern* und sie zu transformieren.[174]

Ihre Vergangenheit ist nicht starr, sondern flexibel.

Ihre Ansichten über Ihre eigene Vergangenheit verändern sich mit der Zeit, selbst wenn es unmerklich ist.

Ein Freund von mir flog zum Beispiel mit seiner ganzen Familie nach Thailand. Als sie ihr Ziel erreichten, wurden alle fünf Kinder schwer krank, und der gesamte Urlaub fand im Hotelbadezimmer statt, wo sie den kranken Kindern hinterherputzen mussten. Es war eine schreckliche Erfahrung für alle Beteiligten, aber wenn sie heute davon erzählen, lachen sie und machen Witze darüber! Mit der Zeit haben sie ihre Vergangenheit verändert und ein lustiges Erlebnis statt eines unangenehmen daraus gemacht.

Wie es der Trauerexperte und Psychiater Dr. Gordon Livingston erklärt:

> »Die Geschichten unseres Lebens sind alles andere als festgeschriebene Narrative. Sie unterliegen konstanter Revision … Wir sind in der Lage, unsere Vergangenheit entweder in fröhlichen oder traurigen Farben zu malen.«[175]

Die Vergangenheit ist nicht mehr als die Bedeutung, die Sie ihr zuschreiben.

Traumatische Erfahrungen können verändert werden. Sie sind nicht festgelegt.

Motivation wird oft in zwei Kategorien unterteilt: Man wird von etwas angezogen oder meidet es.[176]

## LERNEN SIE ALLES IN IHREM LEBEN WERTZUSCHÄTZEN

»Proaktive Dankbarkeit bedeutet, alles in der Welt um sich herum wertzuschätzen. Sie wird nicht von etwas Besonderem initiiert, das die Welt vorher für Sie tut, sondern durch etwas Besonderes, das Sie zuerst für die Welt tun.«

In der GAP zu sein, bringt einen dazu, die eigene Vergangenheit zu meiden. Sie macht einen zum Opfer. Sie verhindert, dass man Herr seiner Vergangenheit wird.

Im GAIN zu sein, ermöglicht es Ihnen, die eigenen Erfahrungen in GAINS zu transformieren und ihnen die Bedeutung zu geben, die Sie selbst wählen.

Je eher Sie Ihre Erfahrungen als GAIN bewerten statt als GAP, desto schneller werden Sie in der Lage sein, nach vorne zu blicken und Traumata zu heilen.

Auf diese Art kann man tatsächlich erkennen, ob jemand von einem Trauma geheilt ist: Er sieht seine vergangenen Erfahrungen aufrichtig *als GAIN*.

Sie können aufrichtig sagen, dass Sie *dankbar für die Lektionen sind, die Sie daraus gelernt haben.*[177,178,179]

Sie sind nicht länger »unfähig« oder »schlecht dran«, aufgrund irgendeiner Erfahrung, die sie gemacht haben.

Der GAIN ist der Kontext, der einem das größte Ausmaß an Vollmacht beschert, wenn man eine beliebige Erfahrung betrachtet.

Im GAIN zu sein, gibt einem Vollmacht und macht einem zum Herrn über die eigenen Erfahrungen und die Vergangenheit.

*Posttraumatisches Wachstum* tritt auf, wenn man proaktiv einen Nutzen in vergangenen schweren Zeiten findet. Man betrachtet auch aktiv Tragödien oder Herausforderungen auf eine Art, die einem größere Kraft und mehr Vollmacht gibt, als man *vor der Erfahrung* hatte.[180]

Sie können kein posttraumatisches Wachstum entwickeln, wenn Sie nicht aktiv die Erfahrungen transformieren, die für Sie schmerzlich waren.

Um posttraumatisches Wachstum zu erfahren, müssen Sie aktiv über die Erfahrung und ihre Folgen nachdenken, so wie Dan es mit seiner Übung *Experience Transformer* tut.[181]

Man »wächst« an einer Erfahrung, indem man »Wert« und »Nutzen« aus der Erfahrung zieht.

Wenn man in der GAP ist, sieht man in gewissen Erfahrungen den Nutzen nicht, stattdessen wünscht man sich einfach nur, dass sie nie passiert wären.

Die GAP ist passiv.

Der GAIN ist aktiv.

Wenn man im GAIN ist, zieht man Nutzen, Lektionen und Zweck aus den eigenen Erfahrungen. Man wird ein besserer Mensch, ist informierter und fähiger, aufgrund der eigenen Erfahrungen. Man leitet Lebenssinn und Bedeutung daraus ab.

Deswegen ist es so wichtig, im GAIN zu sein.

Wenn man im GAIN ist, verwandelt man schwere Erfahrungen sofort in vermehrtes Wachstum, mehr Bedeutung und tieferen Lebenssinn.

Sich die Zeit zu nehmen, um sich hinzusetzen und über die eigenen Erfahrungen nachzudenken, ist das, was die Psychologen *gezielte Selbstreflektion* nennen.[182] Dabei tun Sie Folgendes:

- Sie denken aktiv über eine Erfahrung nach.
- Sie schaffen proaktiv die Bedeutung, die eine Erfahrung für Sie haben soll.
- Sie revidieren dadurch Ihr Lebensnarrativ auf eine positive Weise.

Sie framen die Erfahrung als einen GAIN, damit Sie mit neu gewonnener Vollmacht voranschreiten können.

Dieser aktive Prozess des Nachdenkens wird dramatisch in seiner Wirkung verbessert, wenn man ihn in schriftlicher autobiografischer Form vollzieht – wie in einem Tagebuch.[183]

Während Sie Ihre Erfahrungen niederschreiben, notieren Sie, wofür Sie dankbar sind, das wird die Wirkung exponentiell steigern.[184,185]

Wenn Sie sich nicht die Zeit nehmen, Ihre Erfahrungen in Wachstum und Lebenszweck zu verwandeln – sondern sie stattdessen meiden, in dem Sie in der GAP bleiben –, dann erleben Sie das, was man *intrusive Selbstreflektion* nennt.

Dabei wird man von unangenehmen Gedanken und Emotionen willkürlich heimgesucht, die schmerzliche Emotionen der Vergangenheit auslösen.

Diese unangenehmen Emotionen und ungeordneten Gedanken sind immer noch da, denn Sie haben die Erfahrung noch nicht transformiert und ihre gewählte Bedeutung festgelegt.

## PROAKTIVE DANKBARKEIT SCHAFFT WACHSTUM

»Proaktive Dankbarkeit gestattet es Ihnen, in eine besondere Beziehung mit der Welt einzutreten – eine, die anhaltend an Wert, Sinn und Glück gewinnt.«

Wenn Sie im GAIN sind, sind Sie Herr Ihrer Erfahrungen.

Wenn Sie im GAIN sind, transformieren Sie aktiv Ihre Vergangenheit.

Sie begeben sich zurück zu früheren Erfahrungen und transformieren sie wieder und wieder und ziehen daraus neue Lektionen und Einsichten.

Wenn Sie im GAIN sind, werden Sie aufgrund herausfordernder Erfahrungen zu einem besseren Menschen.

Sie werden *antifragil.*

Wie es Dr. Nassim Taleb erklärt: »Antifragilität ist mehr als Resilienz oder Robustheit. Jemand, der resilient ist, hat eine schockierende Erfahrung und bleibt Derselbe; der antifragile Mensch wird dadurch besser.«[186]

Wenn Sie sich auf eine Art bewerten, dass jeder Tag, den Sie erleben, zu einem gesteigerten Gefühl des Gewinnens oder Lernens – niemals des Verlierens – führt, macht Sie das antifragil.

Jede Erfahrung als einen GAIN zu sehen, macht Sie antifragil.

Jede Erfahrung – selbst die schwerste – in einem GAIN zu verwandeln, macht Sie antifragil.

Im GAIN zu sein, steigert Ihre Flexibilität *jedes einzelne Mal.*

Im GAIN zu sein, ermöglicht es Ihnen, anhaltend voranzuschreiten, egal, was passiert. Sie kommen nicht nur voran, sondern tun das auch auf informierte, dankbare und bessere Art und Weise.

## WICHTIGES AUS DIESEM KAPITEL

- Im GAIN zu sein, bedeutet nicht nur, die freudige Seite des Lebens zu sehen. Im GAIN zu sein, bedeutet, jede Erfahrung zu nehmen, mit der einen das Leben konfrontiert, und sie so zu transformieren, dass sie Ihnen dient.
- Wenn Sie in der GAP sind, fragen Sie sich: *»Wieso ist das passiert?«* und handeln wie ein Opfer.
- Wenn Sie im GAIN sind, kontrollieren Sie die Bedeutung Ihrer Vergangenheit. Sie bringen Ihrer Vergangenheit Wertschätzung entgegen und nutzen sie als wertvolles Feedback, um sich klarzumachen, was Sie wirklich wollen und was Ihnen etwas bedeutet.
- Im GAIN zu sein, ist eine ansatzmotivierte Lebensweise und ermöglicht es Ihnen, jedes Tal in einen künftigen Gipfel zu verwandeln.
- Im GAIN zu sein, gibt Ihnen Vollmacht, um durch jede Erfahrung besser und nicht verbittert zu werden.

# FAZIT

## Leben, Freiheit und die Steigerung des Glücks

»Es liegt nichts Edles darin, seinem Mitmenschen überlegen zu sein. Wahrer Edelmut ist, seinem früheren Selbst überlegen zu sein.«
– ERNEST HEMINGWAY

Thomas Jeffersons Formel von »Leben, Freiheit und ***das Streben nach Glück***« macht Glück zu einem Ideal, das nicht erreicht werden kann.

Jefferson hatte recht damit, dass man Ideale haben sollte.

Er lag jedoch falsch, wenn es darum geht, *das eigene Glück an diesen Idealen zu messen.*

Wenn man nach Glück *strebt,* misst man sich am dem, was immer man anstrebt.

Niemand, nicht einmal Jefferson selbst, wäre im Leben glücklich geworden, mithilfe der »Streben nach Glück«-Formel. Es ist ein völlig unbrauchbares Rezept für Glück.

Der Fehler liegt im Grundsätzlichen: Glück ist nicht etwas, *das man anstrebt.*

Der Grund ist einfach: Ideale werden nie tatsächlich erreicht. Zu versuchen, ein Ideal zu erreichen, sorgt dafür, dass man immer in der GAP landet.

Ideale sind wie der Horizont in der Wüste. Sie beleuchten den Pfad vor uns und geben uns eine Richtung, um realisierbare und messbare Ziele zu erreichen. Aber wie der Horizont ist *das Ideal selbst unmessbar, unerreichbar und in ständiger Bewegung.*

Ideale sind nichts, woran man sich misst. Wieso sollte man sich an etwas messen, das man nie erreichen kann?

Statt sich selbst an einem Ideal zu messen, wie an dem, unter das Jefferson seinen Namen gesetzt hat, gibt es eine viel bessere Formel für Glück, Selbstvertrauen und Erfolg: ***Messen Sie immer in der Rückschau.***

»Rückwärts zu messen« bedeutet, Sie bewerten Ihren Erfolg anhand dessen, wo Sie zuvor standen.

Indem Sie sich selbst in der Rückschau bewerten, erzielen Sie folgende nützliche Effekte:

- Sie *befreien* sich aus der GAP.
- Sie steigen von der hedonistischen Tretmühle, die dafür sorgt, dass man mehr und mehr arbeitet, um ein unerreichbares Ziel zu erreichen.
- Sie hören auf, sich selbst mit allen anderen zu vergleichen und mit ihnen im Wettstreit zu stehen.
- Sie lernen zu schätzen, wo Sie wirklich stehen.
- Sie sind dankbar für Ihren Fortschritt.
- Sie sind dankbar für alles in Ihrem Leben.
- Sie sehen jede Erfahrung als GAIN.
- Sie sind in der Lage, jede Erfahrung in einen GAIN zu verwandeln.
- Sie müssen nie mehr bei Null anfangen, sondern haben stets das Momentum all Ihrer GAINS im Rücken.
- Sie beginnen jeden neuen Tag BEREITS GLÜCKLICH, basierend auf dem Glück, das Sie bis zu diesem Punkt erreicht haben, und Sie ERWEITERN dieses Glück jeden Tag, denn Sie wissen, dass Glück dadurch geschaffen wird, dass Sie Ihren Erfolg in der Rückschau messen.

Heute endet das Streben nach Glück ein für alle Mal. Sie sind nun davon befreit, sich selbst an Idealen zu messen.

In diesem Moment können Sie die Entscheidung treffen, glücklich zu sein. Genau in diesem Augenblick, während Sie diese Worte lesen, können Sie sich entscheiden, glücklich zu sein.

Sie müssen nicht mehr versuchen, das letzte bisschen Glück aus allem zu quetschen, was Sie finden.

Sie können sich davon freimachen, sich ein anderes Leben zu wünschen.

Sie können sich von einer nichttransformierten Vergangenheit befreien. Sie besitzen die Fähigkeit, jede Erfahrung herzunehmen, die Sie je hatten, und Sie in einen GAIN zu verwandeln.

Sie haben die Fähigkeit, jede Erfahrung, die Sie im Moment machen, ALS EINEN GAIN wertzuschätzen, statt diese Situation an einem Ideal zu messen.

Jeden Tag, an dem Sie einen GAIN messen, sind Sie glücklicher, als Sie gestern waren.

Sie sind weiter, als Sie gestern waren.

Sie sind freier, als Sie gestern waren.

Sie sind mehr Sie selbst, als Sie gestern waren.

Wenn Sie täglich einen GAIN messen, sehen Sie zunehmend die GAINS in anderen. Statt andere an unerreichbaren Idealen zu messen, wie Sie es in der Vergangenheit getan haben, messen Sie nur Ihre GAINS.

Die Perspektive auf ein Detail wenden Sie auch auf alle an.

Sie trainieren Ihr Gehirn darauf, was es sehen soll.

Je mehr GAINS Sie messen, desto mehr GAINS sehen Sie.

Je mehr GAINS Sie sehen, desto mehr GAINS schaffen Sie.

Je mehr GAINS Sie schaffen, desto glücklicher und freier werden Sie sein.

Glück ist Ihr *Ausgangspunkt*, und Sie vermehren dieses Glück jedes Mal, wenn Sie GAINS schaffen und Ihren Fortschritt in der Rückschau bewerten.

# WIE WEIT WERDEN SIE GEHEN?

»Glaub mir, wenn ich sage, dass es dich eines Tages treffen wird – dass du glücklich aufwachen wirst, dass du grundlos lächeln wirst, dass deine Hände nicht mehr zittern werden. Eines Tages wirst du dich erinnern, wie du dich vor einem Jahr gefühlt hast oder vor drei Jahren oder nur vor einer Woche, und du wirst so froh sein, dass du gekämpft hast. Du wirst so froh sein, dass du durchgehalten hast.«

– BIANCA SPARACINO, BELIEBTE BLOGGERIN[187]

Sie *haben bereits* unglaubliche GAINS in Ihrem Leben gemacht.

Sie sind so viel weiter, als Ihnen überhaupt klar ist.

Wenn Sie erst einmal ausgelotet haben, was für eine mächtige Wirkung es haben kann, im GAIN zu sein, werden Sie von Ehrfurcht erfüllt. Der Moment wird kommen, in dem Ihnen klar wird, wie weit Sie bereits gekommen sind.

Sie werden von Ihren GAINS überwältigt sein.

Sie werden schockiert sein, wie viele Täler Sie bereits durchschritten haben.

Sie werden den Kopf schütteln über all die Wunder und glücklichen Zufälle, die Ihnen widerfahren.

Sie werden nicht einmal wissen, was Sie zu all den Menschen sagen sollen, die Sie lieben und so viel von sich selbst geopfert haben, um Ihnen eine Chance zu geben.

Diesen Moment erlebte ich erst gestern, während ich meine Familie besuchte und wieder in dem Haus war, in dem ich aufwuchs.

Ich erinnerte mich daran, wer ich in der Vergangenheit gewesen war, und an die Herausforderungen und Hindernisse, die ich überwinden musste, um dorthin zu gelangen, wo ich bin.

Ich dachte daran, wie ich 2010 von einer Kirchenmissionsreise zurückkam und mein Studium am Community College begann, ohne irgendwelche Punkte auf meinem College-Leistungskonto.

Und ich erinnerte mich an eine Zeit, die noch weiter zurücklag, als ich im Alter von zehn Jahren einen Streit meiner Eltern hörte. Als ich von der Schule nach Hause kam, weinte mein Dad und sagte: »Sie ist weg, Ben. Und sie wird nicht zurückkommen.«

Ich dachte daran, wie völlig verloren und alleine ich mich fühlte, während mein depressiver Vater drogenabhängig wurde und ich zusah, wie meine gesamte Welt um mich herum zusammenbrach.

Ich dachte an die Tausenden Stunden, die ich damit verbrachte, mich in *World of Warcraft* zu flüchten; daran, wie ich auf dem Sofa meines Cousins schlief und alles tat, um mich selbst aufzugeben, weil ich das Gefühl hatte, das Leben hatte mich aufgegeben.

Ich dachte darüber nach, wie ich mit dem Laufen anfing und mir selbst dabei zusah, wie ich das erste Mal in meinem Leben mit etwas erfolgreich war. Ich erinnere mich, wie ich diesen ersten Halbmarathon beendete und meine Mom und Barker an der Ziellinie auf mich warteten. Die nächste Erinnerung ist der erste Marathon und so erschöpft zu sein, dass ich mich nicht bewegen konnte.

Ich dachte darüber nach, wie ich auf die Kirchenmissionsreise ging und mir von Herzen vornahm, dass dies der Punkt war, an dem es kein Zurück gab – dass von diesem Punkt an Benjamin Hardy das beste Leben führen würde, das er führen konnte.

Die Hunderte Tagebücher, die ich füllte, und die Tausenden Bücher, die ich las, kamen mir in den Sinn.

Eine weitere Erinnerung war, dass ich dreimal für eine Stelle als Ausbilder von Missionaren abgelehnt worden war.

Ich dachte daran, wie ich letztlich doch den Job bekam und mich nach Kräften bemühte, diesen Missionaren zu helfen.

Mir kam die Erinnerung, dass ich von 15 Hochschulen abgelehnt wurde, als ich mich das erste Mal um eine Doktorandenstelle bewarb – und wie ich dann den besten Mentor fand, den ich mir vorstellen kann, und wie er mir beibrachte, voller Selbstvertrauen zu schreiben.

Ich dachte daran, wie ich als Doktorand an die Clemson kam und mehrere Male fast hinausgeschmissen wurde, aufgrund von Fehlern, die ich machte und weil ich einfach nicht dazu passte.

Ich erinnerte mich an Bob Sinclair, den Leiter der Abteilung, der mein Lebensretter war, als ich unwiderruflich aus der Universität geworfen werden sollte. Er war meine letzte Chance, meine Doktorarbeit abzuschließen, nachdem ich mich die vorherigen acht Jahre am College bemüht hatte, diesen Punkt zu erreichen, und mir das alles beinahe entrissen worden wäre.

Dann dachte ich an all die Fruchtbarkeitsbehandlungen, die meine Frau über sich ergehen lassen musste, während wir mehr als sechs Jahre versuchten, schwanger zu werden. Mir kam der Gedanke, wie sie riesige Nadeln in ihren Körper stechen musste und jahrelang jeden Abend ihren Zyklus überprüfte und immer wieder dieselben Resultate erhielt.

Ich dachte an das Pflegeelternsystem, das uns hasste und mehrfach illegal versuchte, uns unsere Kinder wegzunehmen. Ich erinnere mich an unseren Anwalt, Dale Dove, einen gottesfürchtigen Mann, der sein Leben der Aufgabe gewidmet hatte, ein exzellenter Kenner des Rechts zu werden, und der die anderen Anwälte wie Stümper wirken ließ. Er half, eine Gesetzesänderung in South Carolina auf den Weg zu bringen, die Pflegeeltern mehr Rechte gab.

Ich erinnere mich daran, wie der Richter sagte: »Gemäß des Urteils des Gerichts sind diese Kinder nun Ihre.«

Ich erinnere mich, dass mir klar wurde, dass nach drei Jahren Kampf vor Gericht gegen das Pflegeelternsystem und drei Jahren, in denen ich meine eigene Unsicherheit als Vater überwinden musste, ich nun tatsächlich ein Vater war.

Ich erinnere mich an die Verteidigung meiner Dissertation und daran, dass ich alle möglichen Fehler machte und wie Bob mich ermutigte, auch wenn mir Zweifel an mir selbst kamen.

Ich erinnere mich an den ersten Buchvertrag und wie ich alles daransetzte, dass dieses Buch ein Erfolg wurde. Ich erinnere mich, dass ich viel zu viel Geld ausgab, beim Versuch, die Bestsellerlisten zu erreichen, und es nicht schaffte und dass ich mich meiner Frau gegenüber wie ein Hochstapler fühlte.

Ich erinnere mich an all die langen Nächte, um Deadlines einzuhalten, und oft wurde ich krank, aufgrund von Stress und der Angst, vielleicht gar nicht in der Lage zu sein, das Buch zu schreiben.

Ich erinnere mich an meine erste Produktlancierung, bei der buchstäblich niemand das Buch kaufte.

Ich erinnere mich an das erste Mal, als ein Launch gut lief und ich plötzlich so viel Geld hatte, dass ich gar nicht wusste, was ich damit anfangen sollte. Wie ich dann den Großteil verpulverte, weil ich wirklich nicht wusste, was ich damit anfangen sollte.

Ich erinnere mich, meiner Frau zuzusehen, wie sie unsere Zwillingsmädchen gebar und später unseren kleinen Jungen, Rex.

Ich erinnere mich an all die Höhen und Tiefen, die mich dahin brachten, wo ich heute bin, und ich sitze hier, in Ehrfurcht und staune über das Leben, das Gott mir geschenkt hat.

Ich denke voller Demut daran, dass ich mich entschieden habe, weiter zu kämpfen, wo es doch eine Million Gründe gegeben hätte, nach einer Million Meilensteinen, die ich erreichte, einfach aufzuhören.

Wenn ich einen Schritt zurücktrete und darüber nachdenke, kann ich es fast nicht glauben.

*Habe ich es wirklich so weit geschafft?*

Wow. Wenn ich so weit gekommen bin und ich wirklich das Leben lebe, das ich im Moment lebe, was kann ich dann möglicherweise noch alles tun?

Das Leben wird zu einer aufwärtsführenden Spirale.

Eine Menge GAINS liegen hinter mir. Aber noch unendlich viel mehr GAINS liegen vor mir, und mit jedem Schritt, den ich nach vorne mache, bin ich ein Stück weiter und ein Stück weiser als mein früheres Ich.

Mir wird zunehmend immer klarer, was ich will, und ich bin in der Lage, es schneller zu bekommen als früher.

Dan erklärt es folgendermaßen:

> »Während Sie voranschreiten, werden Sie feststellen, dass alles, was Sie in Ihrer Zukunft erreichen wollen, sowohl leichter zu erreichen als auch messbarer ist, verglichen mit dem, was Sie in der Vergangenheit getan haben.«[188]

So sieht es aus und fühlt es sich an, wenn Sie im GAIN sind.

Das können Sie jetzt haben, genau in diesem Moment.

Das Glück ist direkt hier, vor Ihrer Nase.

Die Frage ist: Werden Sie diese Wahl treffen?

Oder werden Sie sich weiterhin anhand veränderlicher Ideale und äußerer Maßstäbe bewerten?

Wenn Sie ein Leben im GAIN wählen, werden Sie mehr Ehrfurcht und Klarheit empfinden, als jemals zuvor. Sie werden das Glück zu Ihrem Ausgangspunkt wählen und es Tag für Tag vermehren.

Die Frage, die Sie sich selbst stellen müssen, lautet: *Wie weit werde ich gehen?*

Sie sind die einzige Person, die diese Frage beantworten kann.

Sie sind die einzige Person, die diese Standards für sich selbst setzen kann.

Sie sind die einzige Person, die Ihre Richtung vorgibt.

Sie sind die einzige Person, deren Urteil über Ihre Erfahrungen etwas zählt – und über Ihre GAINS.

Sie entscheiden, wie weit Sie den GAIN Einfluss auf Ihr Leben nehmen lassen.

Sie entscheiden, wie viele GAINS Sie schaffen wollen.

Je mehr GAINS Sie schaffen, desto spezifischer und selektiver werden Sie, wenn es darum geht, welches Leben Sie leben und welche Zukunft Sie erschaffen wollen.

Je mehr GAINS Sie kreieren, desto einzigartiger und unvergleichlicher wird Ihr Leben werden.

Niemand kann Sie nachahmen, wenn Sie im GAIN sind, denn niemand hat dieselben Erfahrungen, die Sie haben – und niemand kann Ihre Erfahrungen so in GAINS verwandeln, wie Sie selbst.

Sie haben es bereits so weit geschafft.

Blicken Sie zurück auf den Punkt, an dem Sie waren, als Sie angefangen haben.

Was werden Sie nun tun?

Wie weit werden Sie gehen?

Das ist Ihre Entscheidung.

Und mit jedem Schritt, den Sie vorwärts machen, können Sie sich selbst in der Rückschau bewerten und werden zunehmende Ehrfurcht darüber verspüren, wie weit Sie gekommen sind.

# DANS DANKSAGUNG

Alles, was *Das GAP-and-GAIN-Konzept* als grundlegendes Denkwerkzeug innerhalb des Strategic-Coach-Programms ausmacht, entstammt Tausenden Stunden an Gesprächen mit Babs Smith, meiner lebenslangen Partnerin in allen Bereichen.

Unsere sachkundigen und weisen Teamleiter, Shannon Waller, Cathy Davis und Julia Waller gaben uns unschätzbar wertvolle Tipps für den letzten Feinschliff des Manuskripts.

Ohne die bemerkenswerte Zusammenarbeit mit Ben Hardy, Tucker Max und Reid Tracy wäre ein Buch wie dieses nur ein unerreichbares Ideal und nicht die zutiefst befriedigende und messbare Leistung, die es bereits ist.

Wie bei so vielen großartigen Projekten in den letzten 20 Jahren, bin ich dankbar für die unternehmerischen Einsichten von Joe Polish und Dean Jackson.

Und dieses Buch wäre nicht das, was es ist, ohne die vielen »GAP und GAIN«-Geschichten, die man uns großzügigerweise erzählte.

Danke an die folgenden Unternehmer, die am Strategic-Coach-Programm teilgenommen und sich die Zeit genommen haben, sich mit Ben und den Strategic-Coach-Mitgliedern für Interviews an einen Tisch zu setzen, um uns von ihren Erfahrungen bei der Anwendung von *GAP und GAIN* in ihrem eigenen Leben und in ihren Unternehmen zu erzählen: Mary Atwood, Katie Baxter, Bill Bloom, Justin Breen, Andre Brisson, Claire Burroughs, Chris Carlson, Julia Carlson, Giselle Chapman, Kate Dewhirst, Howard Getson, Jamie Gutierrez, Ingrid Hibbard, Dean Jackson, Scott Jared, Bill Keen, Pete Kofod, Beth Kraszewski, Brian Kurtz, Anna Larson, Neha Malde, Jeffrey Marks, Carolyn Nolan, Maurice Patane, Jiska Pesch-Kuilman, Katie Ridland, Eric Roman, Cheryl Sady, Chad Willardson und Jill Young.

Ebenso bin ich unseren Ausbildern dankbar: Russell Schmidt, Adrienne Duffy, Gary Mottershead, Gina Pellegrini, Teresa Easler, Lee Brower, Kim Butler, Mary Miller, Patti Mara, Colleen Bowler, David Batchelor, Peter Buckle, Gary Klaben, Chad Johnson, Steven Neuner und David Braithwaite, die uns ihre Geschichte erzählt haben und das Konzept von GAP und GAIN weiterverbreiten, gemeinsam mit ihren eigenen Erfahrungen, Einsichten und ihrer Weisheit und das über die Jahre an Tausende von Unternehmern im Rahmen von Strategic Coach.

Dieses Mindset hat so vielen Menschen geholfen und hätte ohne ihre Fähigkeiten als Ausbilder nicht diese Reichweite und Auswirkung gehabt.

# BENS DANKSAGUNG

Schon als ich das erste Mal davon hörte, habe ich mich in das Konzept *GAP und GAIN* verliebt.

Es ist eine Ehre, dieses Buch mit Dan Sullivan geschrieben zu haben.

Ich will als Erstes Dan für die lebensverändernden Ideen und Bezugssysteme danken, die er sich einfallen lässt. Ich bin nur einer von Tausenden, deren Leben durch Dans Ideen verändert wurden. Ich würde auch gerne Babs Smith danken, weil sie mir ihr Vertrauen schenkte und mir eine intime und einzigartige Rolle zudachte bei der Arbeit, die Dan und Babs bei Strategic Coach tun. Ich weiß, dass diese Arbeit äußerst inspirierend und besonders ist. Ich bin zutiefst geehrt, durch diese wichtige Arbeit etwas zu lernen und ein Teil davon zu sein.

Danke auch an Tucker Max, weil er einmal mehr dafür gesorgt hat, dass ein Buch Realität wurde. Du hast mir geholfen, die Ideen dieses Buches wirklich zu durchdenken. Außerdem hast du als der beste Psychologe fungiert, den ich je hatte und mir geholfen, emotionale Hürden zu überwinden und Ballast loszuwerden. Danke, dass du so klarsichtig und fürsorglich bist. Danke, dass du mir geholfen hast, meine emotionalen Blockaden zu überwinden. Danke, dass du mir geholfen hast, der Herr meines eigenen Lebens zu werden. Danke, dass du mir geholfen hast, ein besserer Schriftsteller und Denker zu werden.

Danke auch an das Team bei Hay House – Reid Tracey, Patty Gift und Melody Guy –, weil ihr euch entschieden habt, mit Dan und mir zusammenzuarbeiten. Es war ein absolutes Vergnügen, mit Hay House zu arbeiten. Reid und Patty waren in jeder Interaktion mit mir unglaublich respektvoll und unterstützend. Ich liebte auch die direkte Kollaboration mit Melody. Es war großartig, mit ihr zusammenzuarbeiten. Während des frühen Stadiums der Abfassung von *Das Gap-and-Gain-Konzept* hatte ich damit zu kämpfen, den richtigen Rahmen für das Buch zu finden. In einer Unterhaltung mit Melody war ich in der Lage, den Ton dieses Buches endlich in klare Worte zu fassen. Danke an euch alle!

Danke an meine Mom, Susan Knight, weil sie mehrere stundenlange Unterhaltungen mit mir hatte, bei der ich das Buch mit ihr durchgegangen bin. Wir haben uns auf Zoom getroffen, und sie hat mir gestattet, ihr die furchtbaren und zusammenhanglosen Entwürfe LAUT vorzulesen. Sie hat eine großartige Intuition und Sorgfalt an den Tag gelegt, als wir jedes Wort und jeden Satz gemeinsam durchgegangen sind. Mom, ich danke dir so sehr für deine anhaltende Liebe und Unterstützung, die du mir und meiner Arbeit entgegenbringst. Die Bücher wären ohne dich nicht einmal annähernd so gut.

Danke an meine wunderschöne Frau, Lauren, und an unsere sechs wunderbaren Kinder – Kaleb, Jordan, Logan, Zorah, Phoebe und Rex. Lauren, danke, dass du mich an meinen guten Tagen und besonders an den schlechten ermutigst und unterstützt. Danke, dass du mir stets vertraust und mir hilfst, an mein eigenes Wachstum und meinen Erfolg als Mensch, als Mann, als Ehemann und als Vater zu glauben. An meine Kinder: Danke, dass ihr alle ein Teil meines Lebens seid. Danke, dass ihr eine solch gewaltige Inspiration und Unterstützung für mich seid. Ihr macht mich jeden Tag zu einem besseren Menschen. Ich habe durch euch mehr über GAP und GAIN gelernt als durch irgendjemanden sonst. Ich nehme mir fest vor, künftig für euch mehr und mehr im GAIN zu sein, damit ich euch helfen kann, zu realisieren, wie wunderbar ihr tatsächlich seid.

Und meinem Dad, Philip Hardy, Dankeschön, dass du ein so außergewöhnlicher Vater warst. Danke, dass du deine eigenen Herausforderungen und schweren Zeiten im Leben in GAINS für dein eigenes Leben verwandeln konntest. Danke, dass du ein Beispiel dafür bist, wie man anhaltend wachsen und Fortschritte machen kann, egal was in der Vergangenheit passiert ist. Du bist unglaublich! Danke, dass du mich und meine Familie so sehr unterstützt. Danke an meine Brüder, Trevor und Jacob. Ihr seid mir beide so wichtig. Ich liebe euch beide sehr.

Schließlich danke an Gott, dass du mir dieses Leben geschenkt hast. Ich habe so unglaublich viel gelernt und erlebt. Danke, dass du mir die

Möglichkeit und die Fähigkeit gibst, alle meine Erfahrungen in GAINS zu verwandeln. Danke für all die Weisheit, die Möglichkeit zu lernen und die Intelligenz, mit der du mich gesegnet hast. Danke, dass du meine GAINS siehst und nicht meine GAPS. Ich fühle mich dir nahe. Ich weiß, dass ich geliebt werde. Ich weiß, dass du mir hilfst, weiter aufgrund meiner GAINS zu wachsen. Danke.

# ÜBER DIE AUTOREN

**Dan Sullivan** ist der führende Experte für Entrepreneurship und hat mehr erfolgreiche Unternehmer gecoacht als sonst jemand auf diesem Planeten. Er ist der Mitgründer von Strategic Coach®, dem führenden Unternehmer-Coachingprogramm der Welt und Autor von mehr als 50 Publikationen über unternehmerischen Erfolg. In über 30 Jahren hat Strategic Coach mehr als 20.000 Unternehmer weiter- und ausgebildet.
www.strategiccoach.com

**Dr. Benjamin Hardy** ist Organisationspsychologe und Autor von *Willpower Doesn't Work* und *Personality Isn't Permanent*. Gemeinsam haben er und Dan den landesweiten Bestseller *Who Not How* (dt.: *Frag nicht wie – frag wer!*) und *The Gap and The Gain* (dt.: *Das GAP-and-GAIN-Konzept* geschrieben. Seine Blogs wurden von mehr als 100 Millionen Menschen weltweit gelesen und in der *Harvard Business Review*, *The New York Times*, *Forbes*, *Fortune*, CNBC und anderen besprochen. Mehrere Jahre lang war er der meistgelesene Autor auf Medium.com. Er und seine Frau Lauren haben sechs Kinder. Sie leben in Orlando, Florida.
www.benjaminhardy.com

# SCHREIBEN SIE IHRE GAINS AUF

# STIMMEN ZUM BUCH

»Leistung bringen ist eine Wissenschaft für sich, aber seine Ziele zu erreichen, ist eine Kunst; und Leistung, ohne Ziele zu erreichen, ist das ultimative Versagen. GAP und GAIN ist ein mächtiges Konzept, das es dem Leser ermöglicht, auf seiner Reise zu besseren Leistungen auch seine Ziele zu erreichen. Diese Energie, die frei wird, wenn man seine Ziele erreicht, ist wie Salbei für den Geist, den Körper und die Seele.«

– Dr. Kien Vuu, »The Performance and Longevity Doc«, Bestsellerautor von *Thrive State* und Assistant Professor für Medizin an der UCLA

»Als ich vor Jahren das erste Mal von Dan etwas über die GAP gehört habe, wurde mir klar, dass ich nicht nur in der GAP lebte, sondern mein gesamtes Team mit hineingezogen hatte! Im GAIN zu sein, ist inspirierend und entfaltet eine eigene Kraft. Ich kann wieder wertschätzen, was ich schon erreicht habe und das Wachstum kreieren, das ich tatsächlich erreichen will.«

– JJ Virgin, *New-York-Times*-Bestsellerautorin und Gründerin eines Inc.-5000-Unternehmens

»Das ist das Buch, das mir ein Jahrzehnt Elend erspart hätte, wenn ich es gelesen hätte, bevor ich blindlings dem Erfolg hinterherjagte. Danke Dan und Ben, dass ihr die Wahrheit beim Namen nennt, die niemand sonst aussprechen will – dass Ziele alleine uns nicht glücklich machen. In diesem Buch steckt eine Menge für alle, die nicht nur etwas erreichen, sondern tatsächlich leben wollen.«

– Jeff Goins, Bestsellerautor von *The Art of Work*

»Wenn Sie in irgendeinem Lebensbereich Mühe haben und sich um echten Erfolg bemühen, müssen Sie lernen, Ihr Leben im GAIN zu leben und aus der GAP herauszubleiben. Persönlich habe ich schon viele Kämpfe in meinem Leben zu bestehen gehabt – von einem fast tödlichen Autounfall mit Frontalkollision über eine Krebserkrankung, der ich nur knapp entkam, bis zu schweren Depressionen, die ich überwunden habe – und das tat ich, indem ich mein Leben im GAIN lebte und mich von der GAP fernhielt. Selbst in den dunkelsten Momenten. Lesen Sie dieses Buch – es wird Ihnen zeigen, wie Sie nahezu alles überstehen können, was das Leben Ihnen an Hindernissen in den Weg stellt und hier und jetzt glücklich werden können.«

– Hal Elrod, Autor der Miracle-Morning-Serie und von *The Miracle Equation*

»Ich habe mein gesamtes Leben studiert, was nötig ist, um DER BESTE der Welt bei dem zu sein was man tut. Dieses Buch zeigt Ihnen, wie Sie das Beste aus sich herausholen und das auf eine Art, die Sie glücklich macht, statt die üblichen Ansätze zu verfolgen, die uns unglücklich machen.«

– Bo Eason, ehemaliger Verteidiger in der NFL und Autor von *There's no Plan B for Your A-Game*

»*Das GAP-and-GAIN-Konzept* ist Pflichtlektüre und ein unentbehrliches Konzept von Dan Sullivan. Es vergeht kein Tag, an dem seine Weisheit nicht mein Unternehmen leitet. Dieses Buch ist ein echter Schatz.«

– Chris Voss, Autor von Never Split the Difference

»Dieses Buch wird alles infrage stellen, was Sie darüber zu wissen glauben, wie man seine Ziele erreicht. Ben and Dan zeigen Ihnen, wie Sie aus der GAP und in den GAIN kommen, wodurch Sie und Ihre Teams nicht nur erfolgreicher, sondern auch glücklicher sein werden. Bereiten Sie sich darauf vor, beeindruckt zu werden!«

– Alinka Rutkowska, Bestsellerautorin von *USA Today* und *Wall Street Journal*, CEO von Leaders Press

»Nachdem ich zwei Minuten in diesem Buch gelesen hatte, wurde mir klar, es würde mein Leben verändern. Die deutliche Sprache und die griffigen Ideen reißen einen mit – man will es gar nicht mehr weglegen, bevor man fertig ist. *Das Gap-and-Gain-Konzept* ist wie ein Kurs für Fortgeschrittene, den Sie sofort bei Ihrer Arbeit und in Ihrem Leben umsetzen können, um beides zu verbessern.«

– Shane Snow, Autor von *Dream Teams*

»Alle drei Bücher, die Dr. Benjamin Hardy geschrieben hat, entfalten enorme Wirkung, sind einzigartig und in hohem Maße praxisnah. Dan Sullivans Lehren hatten einen merklich positiven Einfluss auf mein Leben und mein Unternehmen. Ihr neues Buch, *Das Gap-and-Gain-Konzept* ist Pflichtlektüre für jede Führungsperson oder für Menschen, die eine Menge leisten und gleichzeitig nach mehr Lebensglück streben und danach, Höchstleistungen zu erzielen.«

– Michael Hyatt, *New-York-Times*-Bestsellerautor

»Niemand weiß so viel über Entrepreneure wie Dan Sullivan, der erfolgreichste Unternehmercoach der Welt. Er und sein Co-Autor Benjamin Hardy haben ein Buch geschrieben für diejenigen Unternehmer, die enttäuscht oder frustriert sind, oder Versagensängste hegen. Und was am aufregendsten ist, das Buch *Das Gap-and-Gain-Konzept* bietet eine sofortige Lösung für all Ihre Ängste.«

– Richard A. Viguerie, Chairman von American Target Advertising, Inc.

»Die Konzepte in diesem Buch haben mir so viel mehr Glück beschert, wenn es darum geht, meine Unternehmen auf- und auszubauen, genauso wie auf meinem Lebensweg, und das hatte auch eine positive Wirkung auf die Menschen in meinem Umfeld.«

– Cameron Herold, Gründer von COO Alliance, Host des Podcasts *Second in Command* und Autor von *Vivid Vision*

»GAP und GAIN zu verstehen ist wohl das wichtigste Konzept für jeden Unternehmer. Dieses Buch zu lesen und seine Ideen umzusetzen wird für Leader mit Visionen im Leben und im Business unmittelbar transformative Auswirkungen haben.«

– Justin Breen, Gründer von BrEpic Communications, Strategic Coach 10x Ambition Client

»Wenn es ein Konzept gibt, das einen bedeutenden Einfluss auf Ihre Unternehmensführung haben kann, dann das hier vorliegende. Versäumen Sie das nicht. Es ist so einfach, dass Sie heute schon damit beginnen können, es umzusetzen; aber so tiefgehend, dass es auf ewig beeinflussen wird, wie Sie Ihr Unternehmen führen.«

– Nick Nanton, Esq., Regisseur und Produzent, EMMY®-Award-Gewinner, *Wall-Street-Journal*-Bestsellerautor und Träger des Global Shield Humanitarian Award

»Don't worry. Be happy. Das sagt sich leicht, ist aber schwer umzusetzen, besonders für Entrepreneure, die stets nach mehr Leistung streben. Das Buch von Dan und Ben entmystifiziert den Prozess, sein Glück zu finden, eines der grundlegendsten menschlichen Verlangen.«

– Kary Oberbrunner, CEO von Igniting Souls und Bestsellerautorin des *Wall Street Journal* und von *USA Today* mit *Unhackable*

»Ich habe mit Dan und Ben schon in der Vergangenheit zusammengearbeitet. In einer Welt, die von aufmerksamkeitsheischenden Möchtegern-Influencern überschwemmt ist, gehören sie zu einer seltenen Art – schlaue Kerle, die etwas tatsächlich Neues und Interessantes zu erzählen haben.«

– Hugh MacLeod, Autor von *Ignore Everybody* und Mitgründer von Gapingvoid

»Die meisten Entrepreneure sind keine glücklichen Menschen. Sein eigener Boss zu sein sollte angeblich ›die Lösung‹ für alles sein, aber das war es nicht, und man ist nun gestresster als je zuvor. *Das Gap-and-Gain-Konzept* gibt einem die Tools und das Mindset an die Hand, um dauerhaft mehr Erfolg und Glück zu haben.«

– Evan Carmichael, Autor von *Built to Serve*

»Sich auf ein Ideal zu konzentrieren und in der GAP zu leben ist ermüdend. Und es kann einen die ganze Kreativität kosten! Die GAP zu vermeiden hilft mir dabei, mein Potenzial zu entfalten. Ich bin mehr im Moment, dankbarer und glücklicher.«

– Mary Lucas Atwood, Präsidentin und CEO von Advisor Consulting Hub

»Zu erfahren, was die GAP ist und im GAIN zu leben, war für mich wie ein inspirierender Energieschub, der mein Wachstum befeuerte und dazu führte, dass ich meinem Team zeigen konnte, wie man Erfolg täglich misst. Diesen Prozess zu kennen, ermöglicht mir, anderen jeden Tag dabei zu helfen.«

– Don Cooper, Gründer von Innovator Industrial, Host von *The Amplifier Podcast*, Strategic Coach 10x Ambition Client

»Das Konzept von GAP und GAIN ist ein gewaltiger Paradigmenwechsel, von entscheidender Bedeutung für jeden Unternehmer, Athleten, Leader, jedes Elternteil und für alle, die sich dauerhafte Beziehungen wünschen. Ich weiß, das hört sich an, als würde es für jeden zutreffen, und genauso ist es auch … Sie werden einen ganz neuen Blick auf Ihre eigenen Leistungen und auf die anderer erhalten … man kann letztlich doch glücklich werden.«

– Lisa M Cini, Gründerin und CEO von Mosaic Design Studio, Infinite Living & BestLivingTech.com und Bestsellerautorin

»Dieses Buch ist Pflichtlektüre für alle Entrepreneure. *Das GAP-and-GAIN-Konzept* ist ein einfaches, aber dennoch komplexes Konzept. Dieses Buch machte mir bewusst, dass ich nicht nur viel zu viel Zeit in der GAP verbrachte, sondern auch nicht der Einzige bin, der so empfindet.«

– Nick Sonnenberg, Gründer/CEO von www.geleverage.com, Autor und Podcaster

»*Das GAP-and-GAIN-Konzept* ist eines der wichtigsten Tools, die Sie nutzen können, um mehr Glück zu erfahren, mehr Selbstvertrauen zu gewinnen und erfolgreicher zu sein. Über zwei Jahrzehnte hatte ich dank Dan Sullivan, Babs Smith und Strategic Coach die Gelegenheit, zu erfahren, wie nützlich es ist, mein Gehirn zu trainieren und meinen Fortschritt korrekt zu messen – und das hat zu größerer persönlicher Freiheit und Widerstandskraft geführt. Und nun wird dieses Buch, dank der Hilfe, die Dan beim Kodifizieren dieses Prozesses durch den außergewöhnlichen Autor Ben Hardy zuteilwurde, Ihnen helfen, jede Erfahrung, die Sie, Ihr Team und Ihre Familie machen, in einen Gewinn zu verwandeln. Kaufen Sie dieses Buch und lesen Sie es!«

– Joe Polish, Gründer von Genius Network

»Bei der Goldexploration dauert es oft lange, bis man etwas findet, und bis aus einem Vorkommen, das man findet, eine Goldmine wird, kann ebenfalls eine lange Zeit vergehen. Sich regelmäßig an die ›Gewinne‹ zu erinnern und daran, wie weit wir schon gekommen sind, sorgt für die positive Einstellung, die unser Team braucht, um die nächsten Vorkommen zu finden.«

– Ingrid Hibbard, Bachelor of Law, Präsidentin und CEO von Pelangio Exploration

# QUELLEN

Al-Menayes, J. (2016). *The fear of missing out scale: Validation of the Arabic version and correlation with social media addiction.* International Journal of Applied Psychology, 6(2), S. 41-46.

Amemiya, R. & Sakairi, Y. (2019). *The effects of passion and mindfulness on the intrinsic motivation of Japanese athletes.* Personality and Individual Differences, 142, S. 132-138.

American Psychological Association. (2003). »›Journaling‹: Open up! Writing about trauma reduces stress, aids immunity. American Psychological Association.« Abgerufen am 2. März 2021 von https://www.apa.org/research/action/writing

Ang, S. H., Lim, E. A. C., Leong, S. M. & Chen, Z. (2015). *In pursuit of happiness: effects of mental subtraction and alternative comparison.* Social Indicators Research, 122(1), S. 87–103.

Baer, D. (2013). »How Arianna Huffington Networks without networking. Fast Company.« Abgerufen am 3. Juni 2021 von https://www.fastcompany.com/3018307/how-arianna-huffington-networks-without-networking

Banayan, A. (2018). *The Third Door: The Wild Quest to Uncover How the World's Most Successful People Launched Their Careers.* Currency. (dt.: *Das Tor zum Erfolg. Meine verrückte Reise auf der Suche nach dem Erfolgsgeheimnis der erfolgreichsten Menschen der Welt*)

Barnard, J. W. (2008). *Narcissism, over-optimism, fear, anger, and depression: The interior lives of corporate leaders.* University of Cincinnati Law Review, 77, S. 405.

Bay, C. (1970). *The Structure of Freedom.* Stanford University Press.

Baynes, K. C., Dhillo, W. S. & Bloom, S. R. (2006). *Regulation of food intake by gastrointestinal hormones.* Current Opinion in Gastroenterology, 22(6), S. 626–631.

Bhadra, U. (2017). *The human perception, cognition, and related epigenetics.* Gerontology & Geriatrics: Research, 2017; 3(1), S. 1030.

Bodner, R. & Prelec, D. (2003). *Self-signaling and diagnostic utility in everyday decision making.* The Psychology of Economic Decisions, 1(105), S. 26.

Bond, F. W., Hayes, S. C. & Barnes-Holmes, D. (2006). *Psychological flexibility, ACT, and organizational behavior.* Journal of Organizational Behavior Management, 26(1-2), S. 25–54.

Bonneville-Roussy, A., Lavigne, G. L. & Vallerand, R. J. (2011). *When passion leads to excellence: The case of musicians.* Psychology of Music, 39(1), S. 123–138.

Boykin, D. M., Anyanwu, J., Calvin, K. & Orcutt, H. K. (2020). *The moderating effect of psychological flexibility on event centrality in determining trauma outcomes.* Psychological Trauma: Theory, Research, Practice, and Policy, 12(2), S. 193.

Bunyalug, M. & Kanchanakhan, N. (2017). *Effect of using smartphone before bed on sleep quality among undergraduate students at Chulalongkorn University, Thailand.* Journal of Health Research, 31(Suppl. 2), S. 225–231.

Cai, D. J., Mednick, S. A., Harrison, E. M., Kanady, J. C. & Mednick, S. C. (2009). *REM, not incubation, improves creativity by priming associative networks.* Proceedings of the National Academy of Sciences, 106(25), S. 10130-10134.

Calhoun, L. G. & Tedeschi, R. G. *The foundation of posttraumatic growth: An expanded framework.* In Handbook of Posttraumatic Growth: Research and Practice; (S. 18–64). Lawrence Erlbaum Associates.

Cameron, J. (2016). *The Artist's Way: A Spiritual Path to Higher Creativity*. Penguin. (dt.: *Der Weg des Künstlers: Ein spiritueller Pfad zur Aktivierung unserer Kreativität*)

Campbell, J. (2008). *The Hero with a Thousand Faces (The collected works of Joseph Campbell)*. New World Library. (dt.: *Der Heros in tausend Gestalten*)

Capra, F., Stewart, J. & Liberty Films. (1946). *It's a Wonderful Life*. Liberty Films. (dt.: *Ist das Leben nicht schön?*)

Carey, N. (2012). *The Epigenetics Revolution: How Modern Biology is Rewriting Our Understanding of Genetics, Disease, and Inheritance.* Columbia University Press.

Carpentier, J., Mageau, G. A. & Vallerand, R. J. (2012). *Ruminations and flow: Why do people with a more harmonious passion experience higher well-being?* Journal of Happiness Studies, 13(3), S. 501–518.

Chang, E. C. (1998). *Hope, problem-solving ability, and coping in a college student population: Some implications for theory and practice*. Journal of Clinical Psychology, 54(7), S. 953-962.

Cialdini, R. B., Trost, M. R. & Newsom, J. T. (1995). *Preference for consistency: The development of a valid measure and the discovery of surprising behavioral implications.* Journal of Personality and Social Psychology, 69(2), S. 318.

Ciarrochi, J., Bilich, L. & Godsell, C. (2010). *Psychological flexibility as a mechanism of change in acceptance and commitment therapy.* In Assessing Mindfulness and Acceptance Processes in Clients: Illuminating the Theory and Practice of Change, S. 51–75. Context Press.

Cohen, S., Doyle, W. J., Turner, R. B., Alper, C. M. & Skoner, D. P. (2003). *Emotional style and susceptibility to the common cold.* Psychosomatic Medicine, 65(4), S. 652-657.

Collins, J. (2001). *Good to Great: Why Some Companies Make the Leap and Others Don't.* HarperBusiness.

Craig, L. (2016). »Bad timing: Balancing work and family in the 24/7 economy.« YouTube: UNSW Arts and Sciences. Abgerufen am 3.Juni 2021 unter https://www.youtube.com/watch?v=zG4bWDuhHbc

Crum, A. J. & Langer, E. J. (2007). *Mind-set matters: Exercise and the placebo effect.* Psychological Science, 18(2), S. 165–171.

Crum, A. J., Corbin, W. R., Brownell, K. D. & Salovey, P. (2011). *Mind over milkshakes: Mindsets, not just nutrients, determine ghrelin response.* Health Psychology, 30(4), S. 424.

Cubbon, L., Darga, K., Wisnesky, U. D., Dennett, L. & Guptill, C. (2020). *Depression among entrepreneurs: A scoping review.* Small Business Economics, S. 1-25.

Danner, D. D., Snowdon, D. A. & Friesen, W. V. (2001). *Positive emotions in early life and longevity: Findings from the nun study.* Journal of Personality and Social Psychology, 80(5), S. 804-813.

Deloitte. (2017). »2017 Global Mobile Consumer Survey: US edition: The dawn of the next era in mobile.« Abgerufen am 28. Mai 2021 unter https://www2.deloitte.com/content/dam/Deloitte/us/Documents/technology-media-telecommunications/us-tmt-2017-global-mobile-consumer-survey-executive-summary.pdf

Duckworth, A. L., Peterson, C., Matthews, M. D. & Kelly, D. R. (2007). *Grit: Perseverance and passion for long-term goals.* Journal of Personality and Social Psychology, 92(6), S. 1087.

Elliot, A. J. & McGregor, H. A. (1999). *Test anxiety and the hierarchical model of approach and avoidance achievement motivation.* Journal of Personality and Social Psychology, 76(4), S. 628.

Epel, E. S. & Lithgow, G. J. (2014). *Stress biology and aging mechanisms: Toward understanding the deep connection between adaptation to stress and longevity.* Journals of Gerontology Series A: Biomedical Sciences and Medical Sciences, 69(Suppl. 1), S. 10–16.

Erez, M. & Earley, P. C. (1993). *Culture, Self-Identity, and Work.* Oxford University Press on Demand.

Eysenck, M. W. (1994). *Happiness: Facts and Myths.* Psychology Press.

Ferriss, T. (2019). »Josh Waitzkin on How to structure your day for peak performance. The Tim Ferriss Show. YouTube: Tim Ferriss.« Abgerufen am 27. Mai 2021 unter https://www.youtube.com/watch?v=FEOjCUkjG0k

Flower, J. (1999). *In the mush.* Physician Executive, 25(1), S. 64–66.

Fogg, B. J. (2009). *Creating persuasive technologies: An eight-step design process.* In Proceedings of the 4th International Conference on Persuasive Technology (paper 44).

Fogg, B. J. (2019). *Fogg's behavior model.* Behavior Design Lab, Stanford University. Stanford, CA, USA, Tech. Rep. BehavioralModel.org

Fogg, BJ (2020). *Tiny Habits: The Small Changes that Change Everything.* Houghton Mifflin Harcourt. (dt.: *Die Tiny Habits®-Methode: Kleine Schritte, große Wirkung*)

Fredrickson, B. L. (2004). *The broaden–and–build theory of positive emotions.* Philosophical Transactions of the Royal Society of London Series B: Biological Sciences, 359(1449), S. 1367–1377.

Fromm, E. (1994). *Escape from Freedom.* Macmillan.

Gallup-Healthways Well-Being Index (2008). *Poll: Unhappy workers take more sick days.* As referenced in: Associated Press. (18. Juni 2008).

Getha-Taylor, H., Hummert, R., Nalbandian, J. & Silvia, C. (2013). *Competency model design and assessment: Findings and future directions.* Journal of Public Affairs Education, 19(1), S. 141–171.

Gilbert, D. (2014). *The psychology of your future self.* TED Talk.

Godin, S. (2011). *Linchpin: Are You Indispensable?* Penguin.

Godin, S. (2012). *Stop Stealing Dreams (What is School For?).* Seth Godin.

Godin, S. (2012). *The Icarus Deception: How High Will You Fly?* Penguin.

Godin, S. (2015). *Poke the Box: When was the Last Time You Did Something for the First Time?* Penguin.

Gollwitzer, P. M. & Sheeran, P. (2006). *Implementation intentions and goal achievement: A meta-analysis of effects and processes.* Advances in Experimental Social Psychology, 38, S. 69–119.

Grant, A. (2020). »Taken for granted: Daniel Kahneman doesn't trust your intuition. WorkLife with Adam Grant.« Apple Podcasts. Abgerufen am 27. Mai 2021 unter https://podcasts.apple.com/us/podcast/taken-for-granted-daniel-kahneman-doesnt-trust-your/id1346314086?i=1000513174086

Grant, A. (2021). *Think Again: The Power of Knowing What You Don't Know.* Penguin. (dt.: *Think Again – Die Kraft des flexiblen Denkens. Was wir gewinnen, wenn wir unsere Pläne umschmeißen*)

Grover, Tim. (2021). *Winning: The Unforgiving Race to Greatness* (Tim Grover Winning Series). Scribner. (dt.: *WINNING: Wie du den kompromisslosen Wettlauf zu wahrer Größe gewinnst*)

Hale-Jinks, C., Knopf, H. & Kemple, K. (2006). *Tackling teacher turnover in childcare: Understanding causes and consequences, identifying solutions.* Childhood Education, 82(4), S. 219–226.

Hardy, B. (2020). »Take ownership of your future self.« Harvard Business Review. Abgerufen am 27. Mai 2021 unter https://hbr.org/2020/08/take-ownership-of-your-future-self

Harmon-Jones, E., Harmon-Jones, C. & Price, T. F. (2013). *What is approach motivation?* Emotion Review, 5(3), S. 291–295.

Holz, J., Piosczyk, H., Landmann, N., Feige, B., Spiegelhalder, K., Riemann, D., Nissen, C. & Voderholzer, U. (2012). *The timing of learning before night-time sleep differentially affects declarative and procedural long-term memory consolidation in adolescents.* PLoS One, 7(7), e40963.

Howell, W. S. (1982). *Conscious and Competence: The Empathic Communicator.* University of Minnesota.

Itthipuripat, S., Cha, K., Byers, A. & Serences, J. T. (2017). *Two different mechanisms support selective attention at different phases of training.* PLoS Biology, 15(6), e2001724.

Jackowska, M., Brown, J., Ronaldson, A. & Steptoe, A. (2016). *The impact of a brief gratitude intervention on subjective well-being, biology and sleep.* Journal of Health Psychology, 21(10), S. 2207–2217.

Jackson, D. (1999). »I know I'm being successful when. I Love Marketing.« Abgerufen am 15. April 2021 unter https://ilovemarketing.com/i-know-im-being-successful-when/

James, William. (1890). »The Principles of Psychology.« Classics in the History of Psychology website by C. D. Green. https://psychclassics.yorku.ca/James/Principles/

Jan, M., Soomro, S. & Ahmad, N. (2017). *Impact of social media on self-esteem.* European Scientific Journal, 13(23), S. 329–341.

Jang, H., and Kim, J. (2017). *A meta-analysis on relationship between post-traumatic growth and related variables.* Korean Journal of Counseling. 18, S. 85–105.

Janoff-Bulman, R. (1992). *Shattered assumptions: Towards a new psychology of trauma.* New York, NY: Free Press.

Jansen, Dan. (2020). »Dr. Jim Loehr on mental toughness, energy management, the power of journaling, and Olympic gold medals (#490). The Tim Ferriss Show.« Abgerufen am 2. März 2021 unter https://tim.blog/2020/12/28/jim-loehr-2/

Jefferson, Thomas. »From Thomas Jefferson to John Page, 15. Juli 1763.« Founders Archives. https://founders.archives.gov/documents/Jefferson/01-01-02-0004

Jobs, S. (2005). »Steve Jobs' Rede vor den Graduierenden am 12 Juni 2005.« Stanford University. Abgerufen am 27. Mai 2021 unter https://news.stanford.edu/2005/06/14/jobs-061505/

Johnson, K. J. & Fredrickson, B. L. (2005). *»We all look the same to me«: Positive emotions eliminate the own-race bias in face recognition.* Psychological Science, 16(11), S. 875–881.

Johnson, Spencer (2009). *Peaks and Valleys: Making Good and Bad Times Work for You—At Work and in Life.* Atria Books. (dt.: *Höhen und Tiefen: Wie Sie gute und schwere Zeiten meistern - im Job wie im Leben*)

Johnston, W. A. & Dark, V. J. (1986). *Selective attention.* Annual Review of Psychology, 37(1), S. 43–75.

Kahneman, D. (2011). *Thinking, Fast and Slow.* Macmillan. (dt.: *Schnelles Denken, langsames Denken*)

Kaltwasser, L., Hildebrandt, A., Wilhelm, O. & Sommer, W. (2016). *Behavioral and neuronal determinants of negative reciprocity in the ultimatum game.* Social Cognitive and Affective Neuroscience, 11(10), S. 1608–1617.

Kashdan, T. B. & Rottenberg, J. (2010). *Psychological flexibility as a fundamental aspect of health.* Clinical Psychology Review, 30(7), S. 865–878.

Katie, B. (2002). *Loving What Is: Four Questions That Can Change Your Life.* Crown Archetype (dt.: *Lieben was ist: Wie vier Fragen Ihr Leben verändern können*)

Keller, J. & Bless, H. (2008). *Flow and regulatory compatibility: An experimental approach to the flow model of intrinsic motivation.* Personality and Social Psychology Bulletin, 34(2), S. 196–209.

Khumalo, T. & Plattner, I. E. (2019). *The relationship between locus of control and depression: A cross-sectional survey with university students in Botswana.* South African Journal of Psychiatry, 25(1), a1221.

Kim, E. & Bae, S. (2019). *Gratitude Moderates the Mediating Effect of Deliberate Rumination on the Relationship Between Intrusive Rumination and Post-traumatic Growth.* Frontiers in Psychology, 10, S. 2665.

Kim, M. H., Min, S., Ahn, J. S., An, C. & Lee, J. (2019). *Association between high adolescent smartphone use and academic impairment, conflicts with family members or friends, and suicide attempts.* PloS One, 14(7), e0219831.

Koch, R. (2005). *The 80/20 Individual: How to Build on the 20% of What You Do Best.* Currency.

Koch, R. (2011). T*he 80/20 Principle: The Secret of Achieving More with Less: Updated 20th anniversary edition of the productivity and business classic.* Hachette UK. (dt.: *Das 80/20-Prinzip: Mehr Erfolg mit weniger Aufwand*)

Koo, M., Algoe, S. B., Wilson, T. D. & Gilbert, D. T. (2008). *It's a wonderful life: mentally subtracting positive events improves people's affective states, contrary to their affective forecasts.* Journal of Personality and Social Psychology, 95(5), S. 1217.

Law, C. & Lacey, M. Y. (2019). *How entrepreneurs create high-hope environments.* Graziadio Business Report, 22(1), S. 1–18.

Lawrence, Trevor. (2021). »Stephen A.'s 1-on-1 interview with Trevor Lawrence before the 2021 NFL Draft. First Take.« YouTube: Kanal von ESPN. Abgerufen am 22. Mai 2021 unter https://www.youtube.com/watch?v=CjKBGp9Zrko&t=49s

Lawrence, Trevor. (2021). »Twitter-Antwort auf die Medienreaktion auf seine Kommentare in Sports Illustrated.« Abgerufen am 22. Mai 2021 unter https://twitter.com/Trevorlawrencee/status/1383467135410655235

Lease, S. H. (2004). *Effect of locus of control, work knowledge, and mentoring on career decision-making difficulties: Testing the role of race and academic institution.* Journal of Career Assessment, 12(3), S. 239–254.

Lin, L. Y., Sidani, J. E., Shensa, A., Radovic, A., Miller, E., Colditz, J. B., Hoffman, B. L., Giles, L. M. & Primack, B. A. (2016). *Association between social media use and depression among US young adults.* Depression and Anxiety, 33(4), S. 323–331.

Livingston, G. (2009). *Too Soon Old, Too Late Smart: Thirty True Things You Need to Know Now.* Da Capo Lifelong Books.

Lyubomirsky, S. (2011). *Hedonic Adaptation to Positive and Negative Experiences.* Oxford University Press.

Mack, A. (2003). *Inattentional blindness: Looking without seeing.* Current Directions in Psychological Science, 12(5), S. 180–184.

Maslow, A. H. (1943). *A theory of human motivation.* Psychological Review, 50(4), S. 370.

McAdams, D. P. & McLean, K. C. (2013). *Narrative identity.* Current Directions in Psychological Science, 22(3), S. 233–238.

McCoy, Sandi. (2020). »How to measure success.« Instagram-Post. @Vsg_queendiet. Abgerufen am 24. Mai 2021 unter https://www.instagram.com/p/B-QMbNknkzu/

McCracken, L. M. & Morley, S. (2014). *The psychological flexibility model: A basis for integration and progress in psychological approaches to chronic pain management.* The Journal of Pain, 15(3), S. 221–234.

McDonald, H. E. & Hirt, E. R. (1997). *When expectancy meets desire: Motivational effects in reconstructive memory.* Journal of Personality and Social Psychology, 72(1), S. 5.

McKeown, G. (2021). *Effortless: Make it Easier to Do What Matters Most.* Currency. (dt.: *Effortless: Wie man sich mühelos auf das Wichtigste konzentriert*)

Min, J. K., Doryab, A., Wiese, J., Amini, S., Zimmerman, J. & Hong, J. I. (2014). *Toss 'n' turn: Smartphone as sleep and sleep quality detector.* In Proceedings of the SIGCHI Conference on Human Factors in Computing Systems, S. 477–486.

Mitchell, A. & Arnold, M. (2004). *Behavior management skills as predictors of retention among South Texas special educators.* Journal of Instruction Psychology, 31(3), S. 214–219.

Moors, A. & De Houwer, J. (2006). *Automaticity: a theoretical and conceptual analysis.* Psychological Bulletin, 132(2), S. 297.

Moskalev, A., Aliper, A., Smit-McBride, Z., Buzdin, A. & Zhavoronkov, A. (2014). *Genetics and epigenetics of aging and longevity.* Cell Cycle, 13(7), S. 1063-1077.

Muire, Madison. (2020). »Alarming habits: We surveyed 2,000 Americans to examine some of their habits when it comes to alarms and waking up in the morning.« OnePoll study with Mattress Nerd. Abgerufen am 29. Mai 2021 unter https://www.mattressnerd.com/alarming-habits/

National Science Foundation. (2020). »COVID response tracking study.« NORC an der University of Chicago. Abgerufen am 27. März unter https://www.norc.org/Research/Projects/Pages/covid-response-tracking-study.aspx

Ng, T. W. H., Sorensen, K. L. & Eby, L. T. (2006). *Locus of control at work: A meta-analysis.* Journal of Organizational Behavior, 27(8), S. 1057–1087.

Norton, R. (2013). *The Power of Starting Something Stupid: How to Crush Fear, Make Dreams Happen and Live Without Regret.* Shadow Mountain.

Okulicz-Kozaryn, A. (2014). *»Freedom from« and »freedom to« across countries.* Social Indicators Research, 118(3), S. 1009–1029.

Orwell, George. (1949). *1984.* Secker & Warburg.

Palahniuk, C. (2000). *Invisible Monsters.* Random House.

Park, A., Raposo, S. & Muise, A. (2020). *Does imagining you never met a romantic partner boost relationship satisfaction and gratitude? A conceptual replication and extension of the effect of mentally subtracting a partner.* Journal of Social and Personal Relationships, 0265407520969871.

Park, C. L. & Helgeson, V. S. (2006). *Introduction to the special section: Growth following highly stressful life events—current status and future directions.* Journal of Consulting and Clinical Psychology, 74, S. 791–796.

Park, G. (2021). *The benefit of gratitude: Trait gratitude Is associated with effective economic decision-making in the ultimatum game.* Frontiers in Psychology, 12, 590132.

Patihis, L., Frenda, S. J., LePort, A. K., Petersen, N., Nichols, R. M., Stark, C. E., McGaugh, J. L. & Loftus, E. F. (2013). *False memories in highly superior autobiographical memory individuals.* Proceedings of the National Academy of Sciences, 110(52), 20947–20952.

Pausch, R. (2008). *The Last Lecture.* Hachette Books. (dt.: *Last Lecture – Die Lehren meines Lebens*)

Pignatiello, G. A., Martin, R. J. & Hickman Jr, R. L. (2020). *Decision fatigue: A conceptual analysis.* Journal of Health Psychology, 25(1), S. 123–135.

Pillutla, M. M. & Murnighan, J. K. (1996). *Unfairness, anger, and spite: Emotional rejections of ultimatum offers.* Organizational Behavior and Human Decision Processes, 68(3), S. 208–224.

Plash, S. & Piotrowski, C. (2006). *Retention issues: A study of Alabama special education teachers.* Education, 127(1), S. 125–128.

Prociuk, T. J., Breen, L. J. & Lussier, R. J. (1976). *Hopelessness, internal-external locus of control and depression.* Journal of Clinical Psychology 32(2), S. 299–300.

Quoidbach, J., Gilbert, D. T. & Wilson, T. D. (2013). *The end of history illusion.* Science, 339(6115), S. 96–98.

Randjelović, P., Stojiljković, N., Radulović, N., Ilić, I., Stojanović, N. & Ilić, S. (2019). *The association of smartphone usage with subjective sleep quality and daytime sleepiness among medical students.* Biological Rhythm Research, 50(6), S. 857–865.

Raphiphatthana, B. & Jose, P. (2021). *High hope and low rumination are antecedents of grit.* In Multidisciplinary Perspectives on Grit: Contemporary Theories, Assessments, Applications and Critiques (S. 173–191). Springer International Publishing.

Ravikant, N. (2016). »Naval Ravikant on happiness hacks and the 5 chimps theory (#136).« The Tim Ferriss Show. Abgerufen am 29. März 2021 unter https://tim.blog/naval-ravikant-on-the-tim-ferriss-show-transcript/

Rheinberg, F. & Engeser, S. (2018). *Intrinsic motivation and flow.* In Motivation and Action (S. 579–622). Springer, Cham.

Ritter, S. M., Strick, M., Bos, M. W., Van Baaren, R. B. & Dijksterhuis, A. P. (2012). *Good morning creativity: Task reactivation during sleep enhances beneficial effect of sleep on creative performance.* Journal of Sleep Research, 21(6), 643–647.

Robinson, K. (2006). *Do schools kill creativity?* TED Talk.

Robinson, K. & Lee, J. R. (2011). *Out of our minds.* Tantor Media.

Robson, S. E., Repetto, L., Gountouna, V. E. & Nicodemus, K. K. (2020). *A review of neuroeconomic gameplay in psychiatric disorders.* Molecular Psychiatry, 25(1), S. 67–81.

Rohn, J. (1994). *The Art of Exceptional Living.* Nightingale-Conant/Simon & Schuster Audio.

Rollings, Michaela. (2014). »The difference between wanting someone and needing them.« Thought Catalog. Abgerufen am 22. Mai unter https://thoughtcatalog.com/michaela-rollings/2014/05/the-difference-between-wanting-someone-and-needing-them/

Ross, L. & Nisbett, R. E. (2011). *The Person and the Situation: Perspectives of Social Psychology.* Pinter & Martin Publishers.

Rotter, J. B. (1966). *Generalized expectancies for internal versus external control of reinforcement.* Psychological Monographs: General and Applied, 80(1), S. 1–28.

Ryan, R. M. & Deci, E. L. (2019). *Brick by brick: The origins, development, and future of self-determination theory.* In Advances in Motivation Science, Bd. 6, S. 111–156). Elsevier.

Salvaggio, M. (2018). *The justification of reconstructive and reproductive memory beliefs.* Philosophical Studies, 175(3), S. 649–663.

Sanfey A. G., Rilling J. K., Aronson J. A., Nystrom L. E., Cohen J. D. (2003). *The neural basis of economic decision-making in the ultimatum game.* Science, 300, S. 1755–1758.

Schwartz, B. (2004). *The Paradox of Choice: Why More is Less.* New York: Ecco.

Seifert, T. & Hedderson, C. (2010). *Intrinsic motivation and flow in skateboarding: An ethnographic study.* Journal of Happiness Studies, 11(3), S. 277–292.

Seligman, M. E. (2004). *Authentic Happiness: Using the New Positive Psychology to Realize Your Potential for Lasting Fulfillment.* Simon and Schuster.

Seligman, M. E., Steen, T. A., Park, N. & Peterson, C. (2005). *Positive psychology progress: Empirical validation of interventions.* American Psychologist, 60(5), S. 410.

Seneca, L. A. (2004). *On the Shortness of Life* (Vol. 1). Penguin UK. (dt.: *Von der Kürze des Lebens*)

Shannon, B. J., Dosenbach, R. A., Su, Y., Vlassenko, A. G., Larson-Prior, L. J., Nolan, T. S., Snyder, A. Z. & Raichle, M. E. (2013). *Morning-evening variation in human brain metabolism and memory circuits.* Journal of Neurophysiology, 109(5), S. 1444–1456.

Sharif, S. P. (2017). *Locus of control, quality of life, anxiety, and depression among Malaysian breast cancer patients: The mediating role of uncertainty.* European Journal of Oncology Nursing, 27, S. 28–35.

Sheldon, K. M. & Lyubomirsky, S. (2012). *The challenge of staying happier: Testing the hedonic adaptation prevention model.* Personality and Social Psychology Bulletin, 38(5), S. 670–680.

Shinn, F. S. (2012). *The New Game of Life and How to Play it.* Simon and Schuster. (dt.: *Das Lebensspiel und seine Regeln*)

Sideridis, G. D. (2008). *The regulation of affect, anxiety, and stressful arousal from adopting mastery-avoidance goal orientations.* Stress and Health: Journal of the International Society for the Investigation of Stress, 24(1), S. 55-69.

Sill, S. (1971). »Great Experiences. The Church of Jesus Christ of Latter-Day Saints.« Abgerufen am 10. März 2022 unter https://www.churchofjesuschrist.org/study/general-conference/1971/04/great-experiences?lang=eng

Simmen-Janevska, K., Brandstatter, V. & Maercker, A. (2012). *The overlooked relationship between motivational abilities and posttraumatic stress: A review.* European Journal of Psychotraumatology, 3(1), 18560.

Sitzmann, T. & Yeo, G. (2013). *A meta-analytic investigation of the within-person self-efficacy domain: Is self-efficacy a product of past performance or a driver of future performance?* Personnel Psychology, 66(3), S. 531–568.

Sivers, D. (2009). »No yes. Either HELL YEAH! or no.« Abgerufen am 3. Juni 2021 unter https://sive.rs/hellyeah

Slife, B. D. (1993). *Time and Psychological Explanation: The Spectacle of Spain's Tourist Boom and the Reinvention of Difference.* SUNY press.

Snyder, C. R., LaPointe, A. B., Jeffrey Crowson, J. & Early, S. (1998). *Preferences of high- and low-hope people for self-referential input.* Cognition & Emotion, 12(6), S. 807–823.

Snyder, C. R., Rand, K. L. & Sigmon, D. R. (2002). *Hope theory: A member of the positive psychology family.* Handbook of Positive Psychology (S. 257–276). Oxford University Press.

Snyder, C. R., Shorey, H. S., Cheavens, J., Pulvers, K. M., Adams III, V. H. & Wiklund, C. (2002). *Hope and academic success in college.* Journal of Educational Psychology, 94(4), S. 820.

The Social Dilemma. (2020). *The Social Dilemma.* Netflix Original Dokumentarfilm.

Stenseng, F. & Dalskau, L. H. (2010). *Passion, self-esteem, and the role of comparative performance evaluation.* Journal of Sport and Exercise Psychology, 32(6), S. 881-894.

St-Louis, A. C., Verner-Filion, J., Bergeron, C. M. & Vallerand, R. J. (2018). *Passion and mindfulness: Accessing adaptive self-processes.* The Journal of Positive Psychology, 13(2), S. 155-164.

Strassberg, D. S. (1973). *Relationships among locus of control, anxiety, and valued-goal expectations.* Journal of Consulting and Clinical Psychology, 41(2), S. 319.

Strategic Coach. (2019). »Intentionality: Be the buyer not the seller.« YouTube: Strategic Coach. Abgerufen am 1. Juni 2021, at https://www.youtube.com/watch?v=yKXxxAyczFo&t=47s

Strauss, Valerie. (2018). »Stephen Hawking famously said, "Intelligence is the ability to adapt to change." But did he really say it?« Washington Post. Abgerufen am 30. Mai 2021 unter https://www.washingtonpost.com/news/answer-sheet/wp/2018/03/29/stephen-hawking-famously-said-intelligence-is-the-ability-to-adapt-to-change-but-did-he-really-say-it/

Sullivan, D. (2013). »How to build confidence every day.« YouTube: Strategic Coach. Abgerufen am 27. Mai 2021 unter https://www.youtube.com/watch?v=T4XWv-gP6dE&t=9s

Sullivan, D. (2015). *Wanting what you want: Why getting what you want is incomparably better than getting what you need.* The Strategic Coach Inc.

Sullivan, D. (2019). *Always Be the Buyer: Attracting other people's highest commitment to your biggest and best standards.* The Strategic Coach Inc.

Sullivan, D. & Hardy, B. (2020). *Who Not How: The Formula to Achieve Bigger Goals Through Accelerating Teamwork.* Hay House Business. (dt.: *Frag nicht wie – frag wer!)*

Sullivan, S. A., Thompson, A., Kounali, D., Lewis, G. & Zammit, S. (2017). *The longitudinal association between external locus of control, social cognition and adolescent psychopathology.* Social Psychiatry and Psychiatric Epidemiology, 52(6), S. 643–655.

Tabibnia, G., Satpute, A. B. & Lieberman, M. D. (2008). *The sunny side of fairness: Preference for fairness activates reward circuitry (and disregarding unfairness activates self-control circuitry).* Psychological Science, 19(4), S. 339–347.

Taleb, N. N. (2012). *Antifragile: Things That Gain From Disorder.* Random House Incorporated.(dt.: *Antifragilität: Anleitung für eine Welt, die wir nicht verstehen*)

Tedeschi, R. G. & Calhoun, L. G. (2004). *Posttraumatic growth: Conceptual foundations and empirical evidence.* Psychological Inquiry, 15(1), S. 1–18.

Tong, E. M., Fredrickson, B. L., Chang, W. & Lim, Z. X. (2010). *Re-examining hope: The roles of agency thinking and pathways thinking.* Cognition and Emotion, 24(7), S. 1207–1215.

Tracy, B. (2003). *Goals! How to Get Everything You Want—Faster Than You Ever Thought Possible.* Berrett-Koehler Publishers. (dt.: *Ziele: Setzen Verfolgen Erreichen*)

Triplett, K. N., Tedeschi, R. G., Cann, A., Calhoun, L. G. & Reeve, C. L. (2012). *Posttraumatic growth, meaning in life, and life satisfaction in response to trauma.* Psychological Trauma: Theory, Research, Practice, and Policy, 4(4), S. 400–410.

Vallerand, R. J. (2010). *On passion for life activities: The dualistic model of passion.* In Advances in Experimental Social Psychology (Bd. 42, S. 97–193). Academic Press.

Vallerand, R. J., Salvy, S. J., Mageau, G. A., Elliot, A. J., Denis, P. L., Grouzet, F. M. & Blanchard, C. (2007). *On the role of passion in performance.* Journal of Personality, 75(3), S. 505–534.

van Koningsbruggen, G. M., Stroebe, W., Papies, E. K. & Aarts, H. (2011). *Implementation intentions as goal primes: Boosting self-control in tempting environments.* European Journal of Social Psychology, 41(5), S. 551–557.

Veenhoven, R. (2000). *Freedom and happiness: A comparative study in forty-four nations in the early 1990s.* In Culture and Subjective Well-Being (S. 257–288). MIT Press.

Verner-Filion, J., Schellenberg, B. J., Holding, A. C. & Koestner, R. (2020). *Passion and grit in the pursuit of long-term personal goals in college students.* Learning and Individual Differences, 83, 101939.

Vogel, E. A., Rose, J. P., Roberts, L. R. & Eckles, K. (2014). *Social comparison, social media, and self-esteem.* Psychology of Popular Media Culture, 3(4), S. 206.

Waitzkin, J. (2007). *The Art of Learning: A Journey in the Pursuit of Excellence.* Simon and Schuster.

Walsh, L. C., Boehm, J. K. & Lyubomirsky, S. (2018). *Does happiness promote career success? Revisiting the evidence.* Journal of Career Assessment, 26(2), S. 199–219.

Williams, J. & Dikes, C. (2015). *The implications of demographic variables as related to burnout among a sample of special education teachers.* Education, 135(3), S. 337–345.

Wood, A. M., Joseph, S., Lloyd, J. & Atkins, S. (2009). *Gratitude influences sleep through the mechanism of pre-sleep cognitions.* Journal of Psychosomatic Research, 66(1), S. 43–48.

Yamagishi, T., Horita, Y., Mifune, N., Hashimoto, H., Li, Y., Shinada, M., Miura, A., Inukai, K., Takagishi, H. & Simunovic, D. (2012). *Rejection of unfair offers in the ultimatum game is no evidence of strong reciprocity.* Proceedings of the National Academy of Sciences, 109(50), 20364–20368.

Yang, S. K. & Ha, Y. (2019). *Predicting posttraumatic growth among firefighters: The role of deliberate rumination and problem-focused coping.* International Journal of Environmental Research and Public Health, 16(20), 3879.

Zalta, E. N., Nodelman, U., Allen, C. & Anderson, R. L. (2005). *Stanford Encyclopedia of Philosophy.* Palo Alto CA: Stanford University.

Zeidner, M. & Matthews, G. (2005). *Evaluation anxiety.* In Handbook of Competence and Motivation, S. 141-163.

Zhang, M. X. & Wu, A. M. (2020). *Effects of smartphone addiction on sleep quality among Chinese university students: The mediating role of self-regulation and bedtime procrastination.* Addictive Behaviors, 111, 106552.

Zhao, Y., Niu, G., Hou, H., Zeng, G., Xu, L., Peng, K. & Yu, F. (2018). *From growth mindset to grit in Chinese schools: The mediating roles of learning motivations.* Frontiers in Psychology, 9, 2007.

Zhou, X. & Wu, X. (2015). *Longitudinal relationships between gratitude, deliberate rumination, and posttraumatic growth in adolescents following the Wenchuan earthquake in China.* Scandinavian Journal of Psychology, 56(5), S. 567-572.

Ziglar, Zig. (2015). *Master Successful Personal Habits:* Success Legacy Library. Gildan Media.

# ANMERKUNGEN

## EINLEITUNG


1 Jefferson, Thomas. (1763). *From Thomas Jefferson to John Page, 15 July 1763.* Founders Archives. https://founders.archives.gov/ documents/Jefferson/01-01-02-0004

2 National Science Foundation. (2020). *COVID Response Tracking Study.* University of Chicago. Abgerufen am 27. März 2021 unter https://www.norc.org/Research/Projects/Pages/covid-response-tracking-study.aspx

3 Erez, M. & Earley, P. C. (1993). *Culture, self-identity, and work.* Oxford University Press on Demand.

4 Barnard, J. W. (2008). *Narcissism, over-optimism, fear, anger, and depression: The interior lives of corporate leaders.* University of Cincinnati Law Review, 77, 405.

5 Cubbon, L., Darga, K., Wisnesky, U. D., Dennett, L. & Guptill, C. (2020). *Depression among entrepreneurs: A scoping review.* Small Business Economics, 1–25.

6 McKeown, G. (2021). *Effortless: Make it easier to do what matters most.* Currency.

7 Sheldon, K. M. & Lyubomirsky, S. (2012). *The challenge of staying happier: Testing the hedonic adaptation prevention model.* Personality and Social Psychology Bulletin, 38(5), S. 670–680.

8 Lyubomirsky, S. (2011). *Hedonic adaptation to positive and negative experiences.* Oxford University Press.

9 Eysenck, M. W. (1994). *Happiness: Facts and myth*s. Psychology Press.

10 Grover, Tim. (2021). *Winning: The unforgiving race to greatness* (Tim Grover Winning Series). Scribner.

11 Sullivan, D. (2019). *Always be the buyer: Attracting other people's highest commitment to your biggest and best standards.* The Strategic Coach Inc.

12 Godin, S. (2015). *Poke the box: When was the last time you did something for the first time?* Penguin.

13 Godin, S. (2012). *The Icarus deception: how high will you fly?* Penguin.

14 Campbell, J. (2008). *The hero with a thousand faces* (The collected works of Joseph Campbell). New World Library.


## KAPITEL 1


15 Jansen, Dan. (2020). *Dr. Jim Loehr on mental toughness, energy management, the power of journaling, and Olympic gold medals (#490). The Tim Ferriss Show.* Abgerufen am 2. März 2021 unter https://tim.blog/2020/12/28/jim-loehr-2/

16 Walsh, L. C., Boehm, J. K. & Lyubomirsky, S. (2018). *Does happiness promote career success? Revisiting the evidence.* Journal of Career Assessment, 26(2), S. 199–219.

17 Fredrickson, B. L. (2004). *The broaden-and-build theory of positive emotions.* Philosophical Transactions of the Royal Society of London, Series B: Biological Sciences, *359*(1449), S. 1367–1377.

18 Park, G. (2021). *The benefit of gratitude: trait gratitude is associated with effective economic decision-making in the ultimatum game.* Frontiers in Psychology, 12, 590132.

19 Sitzmann, T. & Yeo, G. (2013). *A meta-analytic investigation of the within-person self-efficacy domain: Is self-efficacy a product of past performance or a driver of future performance?* Personnel Psychology, 66(3), S. 531–568.

20 Ravikant, N. (2016). *Naval Ravikant on happiness hacks and the 5 chimps theory (#136). The Tim Ferriss Show.* Abgerufen am 29. März 2021 unter https://tim.blog/naval-ravikant-on-the-tim- ferriss-show-transcript/

21 Rollings, Michaela. (2014). *The difference between wanting someone and needing them. Thought Catalog.* Abgerufen am 22. Mai 2021 unter https://thoughtcatalog.com/michaela-rollings/2014/05/the-difference-between-wanting-someone-and-needing-them/

22 Undisputed. (2021). *Shannon reagiert auf Trevor Lawrence Reaktion auf den angeblichen Mangel an Motivation* | NFL | UNDISPUTED. FOX SPORTS. Abgerufen am 8. Juli 2021 unter https://www.youtube.com/watch?v=MdBIR-NbAjc&t=22s

23 Lawrence, Trevor. (2021). Twitter-Reaktion auf die Medienreaktion auf seine Kommentare in *Sports Illustrated.* Abgerufen am 22. Mai 2021 unter https://twitter.com/Trevorlawrencee/status/1383467135410655235

24 Lawrence, Trevor. (2021). Stephen A. 1-on-1 Interview mit Trevor Lawrence vor der NFL Draft 2021 | First Take. YouTube: ESPN channel. Abgerufen am 22. Mai 2021 unter https://www.youtube.com/watch?v=CjKBGp9Zrko&t=49s

25 Vallerand, R. J., Salvy, S. J., Mageau, G. A., Elliot, A. J., Denis, P. L., Grouzet, F. M. & Blanchard, C. (2007). *On the role of passion in performance.* Journal of Personality, 75(3), S. 505–534.

26 Bonneville-Roussy, A., Lavigne, G. L. & Vallerand, R. J. (2011). *When passion leads to excellence: The case of musicians.* Psychology of Music, 39(1), S. 123–138.

27 Vallerand, R. J. (2010). *On passion for life activities: The dualistic model of passion.* In Advances in experimental social psychology (Bd. 42, S. 97–193). Academic Press.

28 St-Louis, A. C., Verner-Filion, J., Bergeron, C. M. & Vallerand, R. J. (2018). *Passion and mindfulness: Accessing adaptive self-processes.* The Journal of Positive Psychology, 13(2), S. 155–164.

29 Amemiya, R. & Sakairi, Y. (2019). *The effects of passion and mindfulness on the intrinsic motivation of Japanese athletes.* Personality and Individual Differences, 142, S. 132–138.

30 Carpentier, J., Mageau, G. A. & Vallerand, R. J. (2012). *Ruminations and flow: Why do people with a more harmonious passion experience higher well-being?* Journal of Happiness Studies, 13(3), S. 501–518.

31 Stenseng, F. & Dalskau, L. H. (2010). *Passion, self-esteem, and the role of comparative performance evaluation.* Journal of Sport and Exercise Psychology, 32(6), S. 881–894.

32 Carpentier, J., Mageau, G. A. & Vallerand, R. J. (2012). *Ruminations and flow: Why do people with a more harmonious passion experience higher well-being?* Journal of Happiness Studies, 13(3), S. 501–518.

33 Rheinberg, F. & Engeser, S. (2018). *Intrinsic motivation and flow.* In Motivation and Action (S. 579–622). Springer.

34 Keller, J. & Bless, H. (2008). *Flow and regulatory compatibility: An experimental approach to the flow model of intrinsic motivation.* Personality and Social Psychology Bulletin, 34(2), S. 196–209.

35 Seifert, T. & Hedderson, C. (2010). *Intrinsic motivation and flow in skateboarding: An ethnographic study.* Journal of Happiness Studies, *11*(3), S. 277–292.

36 Duckworth, A. L., Peterson, C., Matthews, M. D. & Kelly, D. R. (2007). *Grit: Perseverance and passion for long-term goals.* Journal of Personality and Social Psychology, 92(6), S. 1087.

37 Verner-Filion, J., Schellenberg, B. J., Holding, A. C. & Koestner, R. (2020). *Passion and grit in the pursuit of long-term personal goals in college students.* Learning and Individual Differences, 83, 101939.

38 Zhao, Y., Niu, G., Hou, H., Zeng, G., Xu, L., Peng, K. & Yu, F. (2018). *From growth mindset to grit in Chinese schools: The mediating roles of learning motivations.* Frontiers in Psychology, 9, 2007.

39 Shinn, F. S. (2012). *The new game of life and how to play it.* Simon and Schuster.

40 Fromm, E. (1994). *Escape from freedom.* Macmillan.

41 Bay, C. (1970). *The structure of freedom.* Stanford University Press.

42 Veenhoven, R. (2000). *Freedom and happiness: A comparative study in forty-four nations in the early 1990s.* In Culture and subjective well-being, (S. 257–288). MIT Press.

43 Okulicz-Kozaryn, A. (2014). *"Freedom from" and "freedom to" across countries.* Social Indicators Research, 118(3), S. 1009–1029.

44 Maslow, A. H. (1943). *A theory of human motivation.* Psychological Review, 50(4), S. 370.


## Kapitel 2


45 Godin, S. (2012). *Stop stealing dreams (What is school for?).* Seth Godin.

46 Robinson, K. & Lee, J. R. (2011). *Out of our minds.* Tantor Media, Inc.

47 Robinson, K. (2006). *Do schools kill creativity?* TED Talk.

48 Zalta, E. N., Nodelman, U., Allen, C. & Anderson, R. L. (2005). *Stanford encyclopedia of philosophy.* Palo Alto CA: Stanford University.

49 Ryan, R. M. & Deci, E. L. (2019). *Brick by brick: The origins, development, and future of self-determination theory.* In Advances in motivation science (Bd. 6, S. 111–156). Elsevier.

50 Fogg, B. J. (2009). *Creating persuasive technologies: an eight- step design process.* In Proceedings of the 4th international conference on persuasive technology (Arbeitspapier 44).

51 Al-Menayes, J. (2016). *The fear of missing out scale: Validation of the Arabic version and correlation with social media addiction.* International Journal of Applied Psychology, 6(2), S. 41-46.

52 Rhodes, L., Orlowski, J. (2020). *The social dilemma.* Netflix Original Dokumentarfilm.

53 Ziglar, Zig. (2015). *Master successful personal habits: success legacy library.* Gildan Media.

54 Jan, M., Soomro, S. & Ahmad, N. (2017). *Impact of social media on self-esteem.* European Scientific Journal, *13*(23), S. 329-341.

55 Vogel, E. A., Rose, J. P., Roberts, L. R. & Eckles, K. (2014). *Social comparison, social media, and self-esteem.* Psychology of Popular Media Culture, 3(4), S. 206.

56 Lin, L. Y., Sidani, J. E., Shensa, A., Radovic, A., Miller, E., Colditz, J. B., Hoffman, B. L., Giles, L. M. & Primack, B. A. (2016). *Association between social media use and depression among US young adults.* Depression and Anxiety, 33(4), S. 323–331.

57 Kim, M. H., Min, S., Ahn, J. S., An, C. & Lee, J. (2019). *Association between high adolescent smartphone use and academic impairment, conflicts with family members or friends, and suicide attempts.* PloS One, 14(7), e0219831.

58 McCoy, Sandi (2020). *How to measure success.* Instagram post. @Vsg_queendiet. Abgerufen am 24. Mai 2021 unter https://www.instagram.com/p/B-QMbNknkzu/

59 Baer, D. (2013). *How Arianna Huffington networks without networking.* Fast Company. Abgerufen am 3. Juni 2021 unter https:// www.fastcompany.com/3018307/how-arianna-huffington- networks-without-networking

60 Jackson, D. (1999). *I know I'm being successful when. I Love Marketing.* Abgerufen am 15. April 2021 unter https://ilovemarketing. com/i-know-im-being-successful-when/

61 Gilbert, D. (2014). *The psychology of your future self.* TED talk.

62 Seneca, L. A. (2004). *On the shortness of life* (Vol. 1 of Penguin Great Idea series). Penguin UK.

63 Sivers, D. (2009). *No yes. Either HELL YEAH! or no.* Abgerufen am 3. Juni 2021 unter https://sive.rs/hellyeah

## Kapitel 3

64 Carey, N. (2012). *The epigenetics revolution: How modern biology is rewriting our understanding of genetics, disease, and inheritance.* Columbia University Press.

65 Epel, E. S. & Lithgow, G. J. (2014). *Stress biology and aging mechanisms: Toward understanding the deep connection between adaptation to stress and longevity.* Journals of Gerontology Series A: Biomedical Sciences and Medical Sciences, 69(Suppl. 1), S10–S16.

66 Seligman, M. E. (2004). *Authentic happiness: Using the new positive psychology to realize your potential for lasting fulfillment.* Simon and Schuster.

67 Danner, D. D., Snowdon, D. A. & Friesen, W. V. (2001). *Positive emotions in early life and longevity: Findings from the nun study.* Journal of Personality and Social Psychology, 80(5), S. 804–813.

68 Gallup-Healthways Well-Being Index (2008). As referenced in: Associated Press. (18. Juni 2008). Poll: Unhappy workers take more sick days.

69 Cohen, S., Doyle, W. J., Turner, R. B., Alper, C. M. & Skoner, D. P. (2003). *Emotional style and susceptibility to the common cold.* Psychosomatic Medicine, 65(4), S. 652-657.

70 Bhadra, U. (2017). *The human perception, cognition, and related epigenetics.* Gerontology & Geriatrics: Research, 3(1), S. 1030.

71 Park, C. L. & Helgeson, V. S. (2006). *Introduction to the special section: Growth following highly stressful life events—current status and future directions.* Journal of Consulting and Clinical Psychology, 74, S. 791–796.

72 Moskalev, A., Aliper, A., Smit-McBride, Z., Buzdin, A. & Zhavoronkov, A. (2014). *Genetics and epigenetics of aging and longevity.* Cell Cycle, 13(7), S. 1063-1077.

73 Crum, A. J. & Langer, E. J. (2007). *Mind-set matters: Exercise and the placebo effect.* Psychological Science, 18(2), S. 165–171.

74 Crum, A. J., Corbin, W. R., Brownell, K. D. & Salovey, P. (2011). *Mind over milkshakes: Mindsets, not just nutrients, determine ghrelin response.* Health Psychology, 30(4), S. 424.

75 Baynes, K. C., Dhillo, W. S. & Bloom, S. R. (2006). *Regulation of food intake by gastrointestinal hormones.* Current Opinion in Gastroenterology, 22(6), S. 626–631.

76 Yamagishi, T., Horita, Y., Mifune, N., Hashimoto, H., Li, Y., Shinada, M., Miura, A., Inukai, K., Takagishi, H. & Simunovic, D. (2012). *Rejection of unfair offers in the ultimatum game is no evidence of strong reciprocity.* Proceedings of the National Academy of Sciences, *109*(50), S. 20364-20368.

77 Pillutla, M. M. & Murnighan, J. K. (1996). *Unfairness, anger, and spite: Emotional rejections of ultimatum offers.* Organizational Behavior and Human Decision Processes, *68*(3), S. 208-224.

78 Sanfey, A. G., Rilling, J. K., Aronson, J. A., Nystrom, L. E., Cohen, J. D. (2003). *The neural basis of economic decision-making in the ultimatum game.* Science, 300, S. 1755–1758.

79 Tabibnia, G., Satpute, A. B. & Lieberman, M. D. (2008). *The sunny side of fairness: Preference for fairness activates reward circuitry (and disregarding unfairness activates self-control circuitry).* Psychological Science, 19(4), S. 339-347.

80 Robson, S. E., Repetto, L., Gountouna, V. E. & Nicodemus, K. K. (2020). *A review of neuroeconomic gameplay in psychiatric disorders.* Molecular psychiatry, *25*(1), S. 67-81.

81 Kaltwasser, L., Hildebrandt, A., Wilhelm, O. & Sommer, W. (2016). *Behavioral and neuronal determinants of negative reciprocity in the ultimatum game.* Social Cognitive and Affective Neuroscience, 11(10), S. 1608-1617.

82 Park, G. (2021). *The benefit of gratitude: Trait gratitude is associated with effective economic decision-making in the ultimatum game.* Frontiers in Psychology, 12, 590132.

83 Koo, M., Algoe, S. B., Wilson, T. D. & Gilbert, D. T. (2008). *It's a wonderful life: Mentally subtracting positive events improves people's affective states, contrary to their affective forecasts.* Journal of Personality and Social Psychology, 95(5), S. 1217.

84 Capra, F., Stewart, J. & Liberty Films. (1946). *It's a wonderful life.* Liberty Films.

85 Koo, M., Algoe, S. B., Wilson, T. D. & Gilbert, D. T. (2008). *It's a wonderful life: Mentally subtracting positive events improves people's affective states, contrary to their affective forecasts.* Journal of Personality and Social Psychology, 95(5), S. 1217.

86 Ang, S. H., Lim, E. A. C., Leong, S. M. & Chen, Z. (2015). *In pursuit of happiness: Effects of mental subtraction and alternative comparison.* Social Indicators Research, 122(1), S. 87–103.

87 Park, A., Raposo, S. & Muise, A. (2020). *Does imagining you never met a romantic partner boost relationship satisfaction and gratitude? A conceptual replication and extension of the effect of mentally subtracting a partner.* Journal of Social and Personal Relationships, 0265407520969871.

88 Pausch, R. (2008). *The last lecture.* Hachette Books.

89 Gollwitzer, P. M. & Sheeran, P. (2006). *Implementation intentions and goal achievement: A meta-analysis of effects and processes.* Advances in Experimental Social Psychology, 38, S. 69–119.

90 van Koningsbruggen, G. M., Stroebe, W., Papies, E. K. & Aarts, H. (2011). *Implementation intentions as goal primes: Boosting self-control in tempting environments.* European Journal of Social Psychology, *41*(5), S. 551–557.

91 Pignatiello, G. A., Martin, R. J. & Hickman, Jr., R. L. (2020). *Decision fatigue: A conceptual analysis.* Journal of Health Psychology, 25(1), S. 123–135.

92 Fogg, BJ (2020). *Tiny habits: The small changes that change everything.* Houghton Mifflin Harcourt.

## Kapitel 4

93 Jobs, S. (2005). *Steve Jobs' commencement address on June 12, 2005.* Stanford University. Abgerufen am 27. Mai 2021 unter https://news.stanford.edu/2005/06/14/jobs-061505/

94 Snyder, C. R., Rand, K. L. & Sigmon, D. R. (2002). *Hope theory: A member of the positive psychology family.* In Handbook of positive psychology, (S. 257–276). Oxford University Press.

95 Williams, J. & Dikes, C. (2015). *The implications of demographic variables as related to burnout among a sample of special education teachers.* Education, 135(3), S. 337–345.

96 Plash, S. & Piotrowski, C. (2006). *Retention issues: A study of Alabama special education teachers.* Education, 127(1), S. 125–128.

97 Mitchell, A. & Arnold, M. (2004). *Behavior management skills as predictors of retention among South Texas special educators.* Journal of Instruction Psychology, 31(3), S. 214–219.

98 Hale-Jinks, C., Knopf, H. & Kemple, K. (2006). *Tackling teacher turnover in childcare: Understanding causes and consequences, identifying solutions.* Childhood Education, 82(4), S. 219–226.

99 Mack, A. (2003). *Inattentional blindness: Looking without seeing.* Current Directions in Psychological Science, 12(5), S. 180–184.

100 Gilbert, D. (2014). *The psychology of your future self.* TED Talk.

101 Moors, A. & De Houwer, J. (2006). *Automaticity: A theoretical and conceptual analysis.* Psychological Bulletin, *132*(2), S. 297.

102 Howell, W. S. (1982). *Conscious and competence: The empathic communicator.* University of Minnesota.

103 Getha-Taylor, H., Hummert, R., Nalbandian, J. & Silvia, C. (2013). *Competency model design and assessment: Findings and future directions.* Journal of Public Affairs Education, 19(1), S. 141–171.

104 Flower, J. (1999). In the mush. *Physician Executive, 25*(1), S. 64–66.

105 Slife, B. D. (1993). *Time and Psychological Explanation: The Spectacle of Spain's Tourist Boom and the Reinvention of Difference.* SUNY Press.

106 McDonald, H. E. & Hirt, E. R. (1997). *When expectancy meets desire: Motivational effects in reconstructive memory.* Journal of Personality and Social Psychology, 72(1), S. 5.

107 Patihis, L., Frenda, S. J., LePort, A. K., Petersen, N., Nichols, R. M., Stark, C. E., McGaugh, J. L. & Loftus, E. F. (2013). *False memories in highly superior autobiographical memory individuals.* Proceedings of the National Academy of Sciences, 110(52), S. 20947-20952.

108 Salvaggio, M. (2018). *The justification of reconstructive and reproductive memory beliefs.* Philosophical Studies, *175*(3), S. 649-663.

109 Gilbert, D. (2014). *The psychology of your future self.* TED Talk.

110 Quoidbach, J., Gilbert, D. T. & Wilson, T. D. (2013). *The end of history illusion.* Science, 339(6115), S. 96-98.

111 Waitzkin, J. (2007). *The art of learning: A journey in the pursuit of excellence.* Simon and Schuster.

112 Grant, A. (2021). *Think again: The power of knowing what you don't know.* Penguin.

113 Grant, A. (2020). *Taken for granted: Daniel Kahneman doesn't trust your intuition. WorkLife with Adam Grant.* Apple Podcasts. Abgerufen am 27. Mai 2021 unter https://podcasts.apple.com/us/podcast/taken-for-granted-daniel-kahneman-doesnt-trust-your/id1346314086?i=1000513174086

114 Kahneman, D. (2011). *Thinking, fast and slow.* Macmillan.

## Kapitel 5

115 Holz, J., Piosczyk, H., Landmann, N., Feige, B., Spiegelhalder, K., Riemann, D., Nissen, C. & Voderholzer, U. (2012). *The timing of learning before night-time sleep differentially affects declarative and procedural long-term memory consolidation in adolescents.* PLoS One, 7(7), e40963.

116 Bunyalug, M. & Kanchanakhan, N. (2017). *Effect of using smartphone before bed on sleep quality among undergraduate students at Chulalongkorn University, Thailand.* Journal of Health Research, 31(Suppl. 2), S225-231.

117 Deloitte. (2017). *2017 Global Mobile Consumer Survey: US edition: The dawn of the next era in mobile.* Abgerufen am 28. Mai 2021 unter https://www2.deloitte.com/content/dam/Deloitte/us/Documents/technology-media-telecommunications/us-tmt-2017-global-mobile-consumer-survey-executive-summary.pdf

118 Randjelović, P., Stojiljković, N., Radulović, N., Ilić, I., Stojanović, N. & Ilić, S. (2019). *The association of smartphone usage with subjective sleep quality and daytime sleepiness among medical students.* Biological Rhythm Research, 50(6), S. 857-865.

119 Min, J. K., Doryab, A., Wiese, J., Amini, S., Zimmerman, J. & Hong, J. I. (April 2014). *Toss'n'turn: Smartphone as sleep and sleep quality detector.* In Proceedings of the SIGCHI conference on human factors in computing systems (S. 477–486).

120 Bunyalug, M. & Kanchanakhan, N. (2017). *Effect of using smartphone before bed on sleep quality among undergraduate students at Chulalongkorn University, Thailand.* Journal of Health Research, *31*(Suppl. 2), S225-231.

121 Zhang, M. X. & Wu, A. M. (2020). *Effects of smartphone addiction on sleep quality among Chinese university students: The mediating role of self-regulation and bedtime procrastination.* Addictive Behaviors, 111, 106552.

122 McAdams, D. P. & McLean, K. C. (2013). *Narrative identity.* Current Directions in Psychological Science, *22*(3), S. 233–238.

123 Hardy, B. (2020). *Take ownership of your future self.* Harvard Business Review. Abgerufen am 27. Mai 2021 unter https://hbr.org/2020/08/take-ownership-of-your-future-self

124 Bodner, R. & Prelec, D. (2003). *Self-signaling and diagnostic utility in everyday decision making.* The Psychology of Economic Decisions, *1*(105), S. 26.

125 Ferriss, T. (2019). *Josh Waitzkin on how to structure your day for peak performance. The Tim Ferriss Show.* YouTube: Tim Ferriss. Abgerufen am 27. Mai 2021 unter https://www.youtube.com/watch?v=FEOjCUkjG0k

126 Ritter, S. M., Strick, M., Bos, M. W., Van Baaren, R. B. & Dijksterhuis, A. P. (2012). *Good morning creativity: Task reactivation during sleep enhances beneficial effect of sleep on creative performance.* Journal of Sleep Research, 21(6), S. 643–647.

127 Shannon, B. J., Dosenbach, R. A., Su, Y., Vlassenko, A. G., Larson- Prior, L. J., Nolan, T. S., Snyder, A. Z. & Raichle, M. E. (2013). *Morning-evening variation in human brain metabolism and memory circuits.* Journal of Neurophysiology, 109(5), S. 1444–1456.

128 Cameron, J. (2016). *The artist's way: A spiritual path to higher creativity.* Penguin.

129 Cai, D. J., Mednick, S. A., Harrison, E. M., Kanady, J. C. & Mednick, S. C. (2009). *REM, not incubation, improves creativity by priming associative networks.* Proceedings of the National Academy of Sciences, 106(25), S. 10130-10134.

130 Rohn, J. (1994). *The art of exceptional living.* Nightingale-Conant/Simon & Schuster Audio.

131 Seligman, M. E., Steen, T. A., Park, N. & Peterson, C. (2005). *Positive psychology progress: Empirical validation of interventions.* American Psychologist, 60(5), S. 410.

132 Wood, A. M., Joseph, S., Lloyd, J. & Atkins, S. (2009). *Gratitude influences sleep through the mechanism of pre-sleep cognitions.* Journal of Psychosomatic Research, 66(1), S. 43–48.

133 Jackowska, M., Brown, J., Ronaldson, A. & Steptoe, A. (2016). *The impact of a brief gratitude intervention on subjective well-being, biology and sleep.* Journal of Health Psychology, 21(10), S. 2207–2217.

134 Sitzmann, T. & Yeo, G. (2013). *A meta-analytic investigation of the within-person self-efficacy domain: Is self-efficacy a product of past performance or a driver of future performance?* Personnel Psychology, 66(3), S. 531–568.

135 Fogg, BJ (2020). *Tiny habits: The small changes that change everything.* Houghton Mifflin Harcourt.

136 Koch, R. (2011). *The 80/20 principle: The secret of achieving more with less: Updated 20th anniversary edition of the productivity and business classic.* Hachette UK.

137 Koch, R. (2005). *The 80/20 individual: How to build on the 20% of what you do best.* Currency.

138 Collins, J. (2001). *Good to great: Why some companies make the leap and others don't.* HarperBusiness.

139 Sullivan, D. (2013). *How to build confidence every day.* YouTube: Strategic Coach. Abgerufen am 27. Mai 2021 unter https://www.youtube.com/watch?v=T4XWv-gP6dE&t=9s

140 Muire, Madison. (2020). *Alarming habits: We surveyed 2,000 Americans to examine some of their habits when it comes to alarms and waking up in the morning. OnePoll study with Mattress Nerd.* Abgerufen am 29. Mai 2021 unter https://www.mattressnerd.com/alarming-habits/

141 Fogg, BJ (2020). *Tiny habits: The small changes that change everything.* Houghton Mifflin Harcourt.

142 Fogg, B. J. (2019). *Fogg's behavior model.* Behavior Design Lab, Stanford University. Stanford, CA, USA, Tech. Rep. BehavioralModel.org

143 Ross, L. & Nisbett, R. E. (2011). *The person and the situation: Perspectives of social psychology.* Pinter & Martin Publishers.

144 Pignatiello, G. A., Martin, R. J. & Hickman, Jr., R. L. (2020). *Decision fatigue: A conceptual analysis.* Journal of Health Psychology, 25(1), S. 123-135.

145 Schwartz, B. (2004). *The paradox of choice: Why more is less.* New York: Ecco.

146 Johnston, W. A. & Dark, V. J. (1986). *Selective attention.* Annual Review of Psychology, 37(1), S. 43-75.

147 Itthipuripat, S., Cha, K., Byers, A. & Serences, J. T. (2017). *Two different mechanisms support selective attention at different phases of training.* PLoS Biology, 15(6), e2001724.

148 James, William. (1890). *The principles of psychology. Classics in the History of Psychology Website von C. D. Green.* https://psychclassics.yorku.ca/James/Principles/

149 Ravikant, N. (2016). *Naval Ravikant on happiness hacks and the 5 chimps theory (#136). The Tim Ferriss Show.* Abgerufen am 29. März 2021 unter https://tim.blog/naval-ravikant-on-the-tim-ferriss-show-transcript/

150 Craig, L. (2016). *Bad timing: Balancing work and family in the 24/7 economy.* The University of New South Wales. Arts and Sciences. Abgerufen am 3. Juni 2021 unter https://www.youtube.com/watch?v=zG4bWDuhHbc

151 Cialdini, R. B., Trost, M. R. & Newsom, J. T. (1995). *Preference for consistency: The development of a valid measure and the discovery of surprising behavioral implications.* Journal of Personality and Social Psychology, 69(2), S. 318.

## Kapitel 6

152 Strauss, Valerie. (2018). *Stephen Hawking famously said, "Intelligence is the ability to adapt to change." But did he really say it?* Washington Post. Abgerufen am 30. Mai 2021 unter https://www.washingtonpost.com/news/answer-sheet/wp/2018/03/29/stephen-hawking-famously-said-intelligence-is-the-ability-to-adapt-to-change-but-did-he-really-say-it/

153 Katie, B. (2002). *Loving what is: Four questions that can change your life.* Crown Archetype.

154 Sullivan, D. (2019). *Always be the buyer: Attracting other people's highest commitment to your biggest and best standards.* The Strategic Coach Inc.

155 Bond, F. W., Hayes, S. C. & Barnes-Holmes, D. (2006). *Psychological flexibility, ACT, and organizational behavior.* Journal of Organizational Behavior Management, 26(1-2), S. 25-54.

156 Ciarrochi, J., Bilich, L. & Godsell, C. (2010). *Psychological flexibility as a mechanism of change in acceptance and commitment therapy.* In Assessing mindfulness and acceptance processes in clients: Illuminating the theory and practice of change (S. 51–75). Context Press.

157 Kashdan, T. B. & Rottenberg, J. (2010). *Psychological flexibility as a fundamental aspect of health.* Clinical Psychology Review, 30(7), S. 865-878.

158 McCracken, L. M. & Morley, S. (2014). *The psychological flexibility model: A basis for integration and progress in psychological approaches to chronic pain management.* The Journal of Pain, 15(3), S. 221-234.

159 Boykin, D. M., Anyanwu, J., Calvin, K. & Orcutt, H. K. (2020). *The moderating effect of psychological flexibility on event centrality in determining trauma outcomes.* Psychological Trauma: Theory, Research, Practice, and Policy, 12(2), S. 193.

160 Banayan, A. (2018). *The third door: The wild quest to uncover how the world's most successful people launched their careers.* Currency.

161 Tong, E. M., Fredrickson, B. L., Chang, W. & Lim, Z. X. (2010). *Re-examining hope: The roles of agency thinking and pathways thinking.* Cognition and Emotion, 24(7), S. 1207–1215.

162 Snyder, C. R., LaPointe, A. B., Jeffrey Crowson, J. & Early, S. (1998). *Preferences of high- and low-hope people for self-referential input.* Cognition & Emotion, 12(6), S. 807–823.

163 Chang, E. C. (1998). *Hope, problem-solving ability, and coping in a college student population: Some implications for theory and practice.* Journal of Clinical Psychology, 54(7), S. 953–962.

164 Snyder, C. R., Shorey, H. S., Cheavens, J., Pulvers, K. M., Adams III, V. H. & Wiklund, C. (2002). *Hope and academic success in college.* Journal of Educational Psychology, 94(4), S. 820.

165 Law, C. & Lacey, M. Y. (2019). *How entrepreneurs create high-hope environments.* Graziadio Business Report, 22(1), S. 1–18.

166 Raphiphatthana, B. & Jose, P. (2021). *High hope and low rumination are antecedents of grit.* In Multidisciplinary perspectives on grit: Contemporary theories, assessments, applications and critiques (S. 173–191). Springer International.

167 Johnson, Spencer. (2009). *Peaks and valleys: Making good and bad times work for you—at work and in life.* Atria Books.

168 Norton, R. (2013). *The power of starting something stupid: How to crush fear, make dreams happen and live without regret.* Shadow Mountain.

169 Orwell, George. (1949). *1984.* Secker & Warburg.

170 Palahniuk, C. (2000). *Invisible monsters.* Random House.

171 Sullivan, D. (2019). *Always be the buyer: Attracting other people's highest commitment to your biggest and best standards.* The Strategic Coach Inc.

172 Sill, S. (1971). *Great experiences.* The Church of Jesus Christ of Latter-Day Saints. Abgerufen am 3. Juni 2021 unter https://www.churchofjesuschrist.org/study/general-conference/1971/04/great-experiences?lang=eng

173 Janoff-Bulman, R. (1992). *Shattered assumptions: Towards a new psychology of trauma.* New York, NY: Free Press

174 Simmen-Janevska, K., Brandstätter, V. & Maercker, A. (2012). *The overlooked relationship between motivational abilities and posttraumatic stress: A review.* European Journal of Psychotraumatology, 3(1), 18560.

175 Livingston, G. (2009). *Too soon old, Too late smart: Thirty true things you need to know now.* Da Capo Lifelong Books.

176 Harmon-Jones, E., Harmon-Jones, C. & Price, T. F. (2013). *What is approach motivation?* Emotion Review, *5*(3), S. 291-295.

177 Jang, H., and Kim, J. (2017). *A meta-analysis on relationship between post-traumatic growth and related variables.* Korean Journal of Counseling. 18, S. 85–105.

178 Johnson, K. J. & Fredrickson, B. L. (2005). *"We all look the same to me:" Positive emotions eliminate the own-race bias in face recognition.* Psychological Science, 16(11), S. 875–881.

179 Yang, S. K. & Ha, Y. (2019). *Predicting posttraumatic growth among firefighters: The role of deliberate rumination and problem-focused coping.* International Journal of Environmental Research and Public Health, *16*(20), S. 3879.

180 Tedeschi, R. G. & Calhoun, L. G. (2004). *Posttraumatic growth: Conceptual foundations and empirical evidence.* Psychological Inquiry, 15(1), S. 1–18.

181 Calhoun, L. G. & Tedeschi, R. G. (2006). *The foundation of posttraumatic growth: An expanded framework.* In Handbook of Posttraumatic Growth: Research and Practice (S. 18–64). Lawrence Erlbaum Associates.

182 Triplett, K. N., Tedeschi, R. G., Cann, A., Calhoun, L. G. & Reeve, C. L. (2012). *Posttraumatic growth, meaning in life, and life satisfaction in response to trauma.* Psychological Trauma: Theory, Research, Practice, and Policy, 4(4), S. 400–410.

183 American Psychological Association (2003). *"Journaling": Open up! Writing about trauma reduces stress, aids immunity.* American Psychological Association. Abgerufen am 2. März 2021 unter https://www.apa.org/research/action/writing

184 Zhou, X. & Wu, X. (2015). *Longitudinal relationships between gratitude, deliberate rumination, and posttraumatic growth in adolescents following the Wenchuan earthquake in China.* Scandinavian Journal of Psychology, *56*(5), S. 567–572.

185 Kim, E. & Bae, S. (2019). *Gratitude moderates the mediating effect of deliberate rumination on the relationship between intrusive rumination and post-traumatic growth.* Frontiers in Psychology, 10, S. 2665.

186 Taleb, N. N. (2012). *Antifragile: Things that gain from disorder*. Random House Incorporated.

## Fazit

187 Sparacino, B. (2020). *One day you're going to look back and realize just how far you have come.* Thought Catalog. Abgerufen am 4. Juni 2021 unter https://thoughtcatalog.com/bianca-sparacino/2016/09/one-day-youre-going-to-look-back-and-realize-just-how-far-you-have-come/

188 Sullivan, D. (2019). *Always be the buyer: Attracting other people's highest commitment to your biggest and best standards.* The Strategic Coach Inc.

# STICHWORTVERZEICHNIS